Te deseo la sonrisa

PAPA FRANCISCO

Te deseo la sonrisa

Para recuperar la alegría

Traducción de Patricia Orts

ORIGEN®

Penguin
Random House
Grupo Editorial

Título original: *Ti auguro il sorriso*

Primera edición: octubre de 2022

© 2020, FullDay s.r.l.
© 2020, Libreria Editrice Vaticana

© 2022, Penguin Random House Grupo Editorial, S. A. U.
Travessera de Gràcia, 47-49. 08021 Barcelona
© 2022, Patricia Orts, por la traducción
© 2022, Penguin Random House Grupo Editorial USA, LLC
8950 SW 74th Court, Suite 2010
Miami, FL 33156

© 2022, Patricia Orts, por la traducción

Publicado por ORIGEN, una marca registrada de
Penguin Random House Grupo Editorial USA, LLC.
Todos los derechos reservados.

Impreso en México / *Printed in Mexico*

ISBN: 978-1-64473-745-3

22 23 24 25 26   10 9 8 7 6 5 4 3 2 1

¡No ocultéis los sueños! No aturdáis vuestros sueños, concededles espacio y atreveos a contemplar horizontes amplios, atreveos a contemplar lo que os espera si tenéis el valor de construirlos juntos.

En la vida no dejamos de caminar y nos convertimos en aquello hacia lo que nos dirigimos. Elijamos el camino de Dios, no el del yo; el camino del sí, no el del sí mismo. Descubriremos que no hay imprevisto, ni pendiente, ni noche que no se pueda afrontar con Jesús.

ÍNDICE

PREFACIO

Mi deseo

Mi deseo se resume en una palabra: «sonrisa».

La inspiración me la dio uno de los últimos países que visité: Tailandia. Lo llaman el país de la sonrisa, porque en él la gente sonríe mucho, es especialmente amable, noble, unas cualidades que se sintetizan en ese gesto facial y se reflejan en el porte. Esa experiencia me impresionó mucho y me ha llevado a concebir la sonrisa como una expresión de amor, de afecto, típicamente humana.

Cuando miramos a un recién nacido, algo nos impele a sonreírle, y si en su pequeño rostro también se dibuja una sonrisa sentimos una emoción simple, ingenua. El niño responde a nuestra mirada, pero su sonrisa es mucho más «poderosa», porque es nueva, tan pura como el agua de un manantial, y despierta en nosotros, los adultos, una íntima nostalgia de la infancia.

Esto se produjo de manera única entre María, José y Jesús. Con su amor, la Virgen y su esposo arrancaron una sonrisa a su hijo recién nacido, pero, cuando esto sucedió, sus corazones se llenaron de una alegría nueva, celestial, y el pequeño establo de Belén se iluminó.

Jesús es la sonrisa de Dios. Vino al mundo para revelarnos el amor del Padre, su bondad, y la primera manera en que lo hizo fue sonriendo a sus padres, como cualquier recién nacido. Y, gracias a su extraordinaria fe, la Virgen María y san José supieron recibir el mensaje, reconocieron en la sonrisa de Jesús la misericordia que Dios les mostraba, a ellos y a todos los que aguardaban su llegada, la del Mesías, el Hijo de Dios, el rey de Israel.

Pues bien, queridísimos hermanos, nosotros revivimos esta experiencia en el pesebre: mirar al Niño Jesús es sentir que Dios nos sonríe, que sonríe a todos los pobres de la tierra, a todos los que esperan la salvación y aguardan un mundo más fraternal, donde ya no haya guerras ni violencia, donde cada hombre y mujer puedan vivir con la dignidad propia de los hijos e hijas de Dios.

A veces resulta difícil sonreír, por muchos motivos. En esos momentos necesitamos la sonrisa de Dios y el único que puede ayudarnos es Jesús, que es el único Salvador, como experimentamos en ocasiones de forma concreta en nuestra vida.

Otras veces las cosas van bien, pero en esos casos existe el peligro de sentirse demasiado seguros y de olvidarse de los que padecen. Así que también necesitamos la sonrisa de Dios para que nos libre de las falsas certezas y nos devuelva el gusto por las cosas sencillas y gratuitas.

De manera que, queridísimos hermanos, intercambiemos este deseo, que vale para siempre: dejémonos sorprender por la sonrisa de Dios, que Jesús vino a traernos. Él es la sonrisa. Acojámoslo, dejemos que nos purifique y así podremos regalar también a los demás una sonrisa humilde y sincera.

Llevad este deseo a vuestros seres queridos, a casa, sobre todo a los enfermos y a los más ancianos: que sientan la caricia de vuestra sonrisa. Porque es una caricia. Sonreír es acariciar, acariciar con el corazón, con el alma. Y permanezcamos unidos en la oración.*

---

* Las siguientes páginas son un manifiesto de renacimiento para una nueva era de la alegría, aún más necesario, si cabe, en estos «tiempos enfermos». Representan un camino integrado por intervenciones, discursos, homilías, exhortaciones apostólicas y encíclicas del santo padre. Las fuentes bibliográficas aparecen recogidas en la página 223.

I

Cambiar y renacer

La esperanza no decepciona

El optimismo decepciona, ¡la esperanza no! Y la necesitamos mucho en estos tiempos oscuros, en los que a veces nos sentimos perdidos ante el mal y la violencia que nos rodean, ante el dolor de muchos de nuestros hermanos. ¡Hace falta esperanza! Nos sentimos extraviados y también un poco desanimados, porque creemos que no podemos hacer nada y que la oscuridad no tiene fin. Pero no debemos permitir que la esperanza nos abandone, porque Dios camina con su amor junto a nosotros. Cualquiera puede afirmar: «Confío porque Dios está conmigo».

La felicidad de la humanidad compartida

En este mundo que corre sin un rumbo común, se respira un ambiente donde «la distancia entre la obsesión por el propio bienestar y la felicidad que procura la humanidad compartida parece ensancharse hasta el punto de que cabe pensar que existe un auténtico cisma entre el individuo y la comunidad humana. Porque una cosa es sentirse obligados a vivir juntos y otra apreciar la riqueza y la belleza de las semillas de vida en común que debemos buscar y cultivar juntos». La tecnología no deja de progresar, pero «¡qué bonito sería si al crecimiento de las innovaciones científicas y tecnológicas se uniera una mayor equidad e inclusión social! ¡Qué bonito sería si, al mismo tiempo que descubrimos nuevos planetas lejanos, redescubriéramos las necesidades de nuestro hermano y de nuestra hermana, que orbitan a nuestro alrededor!».

Las noches de nuestra vida

Todos tenemos una cita con Dios en la noche de nuestra vida, en las numerosas noches de nuestra vida; son momentos oscuros, de pecado y desorientación. En ellos tenemos una cita con Dios, siempre. Él nos sorprenderá inesperadamente, cuando nos quedemos verdaderamente solos. En esa noche, mientras combatimos contra lo desconocido, tomaremos conciencia de que somos unos pobres hombres —me permito decir unos «desgraciados»—, pero no debemos temer cuando nos sintamos «desgraciados», porque en ese momento Dios nos concederá un nuevo nombre que contendrá el sentido de toda nuestra vida; nos cambiará el corazón y nos dará la bendición reservada a los que han permitido que Él los transforme. Esta es una invitación en toda regla a que permitáis que Dios os cambie. Él sabe cómo hacerlo, porque nos conoce a todos.

«Señor, tú me conoces», podemos decir todos. «Señor, tú me conoces. Cámbiame».

¡Venid a mí!

En el evangelio de san Mateo, Jesús sale en nuestra ayuda con las siguientes palabras: «Venid a mí todos los que estáis cansados y agobiados, y yo os aliviaré» (Mt 11, 28).* La vida es a menudo difícil, en muchas ocasiones incluso trágica. Trabajar es fatigoso, buscar trabajo también. ¡Y hoy en día es tan extenuante encontrar trabajo! Pero esto no es lo que más nos pesa en la vida, lo que más nos pesa es la falta de amor. Pesa no recibir una sonrisa, no ser acogidos. Pesan ciertos silencios, en ocasiones incluso en el seno de la familia, entre marido y mujer, entre padres e hijos, entre hermanos. Sin amor la fatiga es más difícil de sobrellevar, intolerable. Pienso en los ancianos que están solos, en las familias que sufren por no recibir ayuda para mantener a quien en casa necesita atenciones y cuidados especiales. «Venid a mí todos los que estáis cansados y agobiados», dice Jesús.

El lado bueno del tapiz

El amor que se da y que obra se equivoca a menudo. El que actúa y arriesga suele cometer errores. En este sentido, puede

* Para las citas bíblicas se ha empleado como referencia la *Sagrada Biblia*, de la Conferencia Episcopal Española (https://www.conferenciaepiscopal.es/biblia). (*N. de la T.*).

ser interesante el testimonio de Maria Gabriela Perin, huérfana de padre desde que nació, que reflexiona sobre la manera en que este hecho ha influido en su vida, en una relación que no duró, pero que la convirtió en madre y ahora en abuela: «Lo que sé es que Dios crea historias. Con su genio y su misericordia, coge nuestros triunfos y nuestros fracasos y teje unos maravillosos tapices llenos de ironía. El revés de la tela puede parecer caótico, con los hilos enmarañados —los sucesos de nuestra vida—, y quizá sea el lado que no nos deja en paz cuando dudamos. Pero en el lado bueno del tapiz hay una historia magnífica y este es el lado que ve Dios».

Con nosotros todos los días

¡Él vive! Debemos recordarlo a menudo, porque corremos el riesgo de considerar a Jesucristo únicamente como un buen ejemplo del pasado, un recuerdo, alguien que nos salvó hace dos mil años. De ser así, no nos serviría para nada, nos dejaría igual que antes, no nos liberaría. Él, que nos colma con su gracia, nos libera, nos transforma, nos sana y nos conforta, está vivo. Es Cristo resucitado, está lleno de una vitalidad sobrenatural, revestido de una luz infinita. Por eso san Pablo afirmó: «Y, si Cristo no ha resucitado, vuestra fe no tiene sentido» (1 Cor 15, 17).

Si Él vive, podrá estar verdaderamente presente en tu vida, en cada momento, para iluminarla. Así no volverás a sentir soledad y abandono. Aunque todos se vayan, Él estará ahí, como prometió: «Y sabed que yo estoy con vosotros todos los días, hasta el final de los tiempos» (Mt 28, 20). Él llena todo con su presencia invisible y te estará esperando dondequiera que vayas. Porque no solo ha venido: viene y seguirá viniendo todos los días para invitarte a caminar hacia un horizonte siempre nuevo.

Más allá de lo conocido

Dios siempre es una novedad que nos invita continuamente a echar de nuevo a andar y a cambiar de lugar para ir más allá de lo conocido, hacia las periferias y las fronteras. Nos conduce al lugar donde se encuentra la humanidad más herida y donde los seres humanos, por debajo de la apariencia de la superficialidad y el conformismo, siguen buscando la respuesta a la pregunta sobre el sentido de la vida. ¡Dios no tiene miedo! ¡No tiene miedo! Siempre va más allá de nuestros esquemas y no teme las periferias. Él mismo se hizo periferia (Flp 2, 6-8; Jn 1, 14). Por eso, si nos atrevemos a ir a las periferias, lo encontraremos: Él ya estará allí. Jesús nos precede en el corazón de ese hermano, en su carne herida, en su vida oprimida, en su alma ofuscada. Él ya está allí.

¿Dónde está mi mano?

Solo hay una manera lícita y justa de mirar a una persona de arriba abajo: para ayudarla a levantarse. Si uno de nosotros —incluido yo— mira a una persona de arriba abajo con desprecio, vale poco. Pero si uno de nosotros mira a una persona de arriba abajo para tenderle la mano y ayudarla a levantarse, ese hombre o esa mujer son grandes. Así pues, cuando miréis a una persona de arriba abajo, preguntaos siempre: «¿Dónde está mi mano? ¿Está escondida o está ayudando a alguien a ponerse en pie?». Y seréis felices.

Esto conlleva aprender a desarrollar una cualidad muy importante, aunque infravalorada: la capacidad de conceder tiempo a los demás, de escucharlos, de compartir cosas con ellos y de comprenderlos. Solo así abriremos nuestras historias y nuestras heridas a un amor capaz de transformarnos para empezar a cambiar el mundo que nos rodea. Si no damos, si no perdemos tiempo, si «ahorramos tiempo» con las personas, lo perderemos en muchas cosas que al final del día nos dejarán vacíos y aturdidos. En mi tierra natal dirían: nos llenan de cosas hasta que nos indigestamos.

Solos no podemos

La quinta bienaventuranza dice: «Bienaventurados los misericordiosos, porque ellos alcanzarán misericordia» (Mt 5, 7). Esta bienaventuranza presenta una particularidad: es la única en la que la causa y el fruto de la felicidad coinciden. Los que son misericordiosos encontrarán misericordia, la recibirán a su vez. El tema de la reciprocidad del perdón se repite en el Evangelio. ¿Cómo podría ser de otra forma? ¡La misericordia es el corazón mismo de Dios!

Existen dos cosas inseparables: el perdón dado y el recibido. Pero a muchas personas les cuesta, no logran perdonar. En muchas ocasiones, el mal recibido es tan grande que perdonar nos supone un esfuerzo inmenso, como escalar la más alta de las montañas. Y uno piensa: no se puede, esto no se puede hacer. La reciprocidad de la misericordia implica que debemos dar un vuelco a la perspectiva. No podemos hacerlo solos, es necesaria la gracia de Dios y hemos de pedirla. De hecho, si la quinta bienaventuranza promete la misericordia y en el padrenuestro pedimos perdón por nuestras deudas, ¡significa que nosotros mismos somos esencialmente deudores y que necesitamos recibir misericordia!

La oración, dique ante el mal

En nuestro día a día experimentamos la presencia del mal: es una vivencia cotidiana. Los primeros capítulos del Génesis describen la progresiva extensión del pecado en los asuntos humanos. Adán y Eva (Gén 3, 1-7) se preguntan si las intenciones de Dios son benévolas, piensan que se trata de una divinidad envidiosa que les impide ser felices, por eso se rebelan. Pero la historia se desarrolla en sentido contrario: abren los ojos y descubren que están desnudos (v. 7), sin nada. No olvidéis esto: el tentador es un mal pagador, paga mal.

Y, sin embargo, las primeras páginas de la Biblia cuentan también otra historia, menos llamativa, mucho más humilde y devota, que representa la redención de la esperanza. A pesar de que casi todos se comportan con crueldad, convirtiendo el odio y la conquista en el gran motor de la vida humana, existen personas capaces de rezar a Dios con sinceridad, de escribir de forma distinta el destino del hombre.

La oración es el dique, es el refugio del hombre ante la crecida del mal en el mundo. A decir verdad, rezamos también para salvarnos de nosotros mismos. Es importante rezar: «Señor, por favor, sálvame de mí mismo, de mis ambiciones, de mis pasiones». Los orantes de las primeras páginas de la Biblia son hombres que ponen en práctica la paz; de hecho, cuando es auténtica, la oración libera de los instintos de violencia y es una mirada dirigida a Dios para que vuelva a ocuparse del corazón humano. En el catecismo se lee: «Una multitud de justos de todas las religiones vive esta cualidad de la oración». La oración cultiva parterres de renacimiento en lugares donde el odio del hombre solo ha sido capaz de extender el desierto. Y la oración es poderosa, porque atrae el poder de Dios, y el poder de Dios siempre da vida, siempre. Es el Dios de la vida y con Él se renace.

Un ancla de esperanza

Job estaba sumido en la oscuridad. Se encontraba en el umbral de la muerte. Pero justo en ese momento de angustia, dolor y sufrimiento, Job proclamó la esperanza: «Yo sé que mi redentor vive y que al fin se alzará sobre el polvo. Yo mismo lo veré, y no otro; mis propios ojos lo verán» (Job 19, 25-27).

Los cementerios son tristes, nos recuerdan a los seres queridos que se han marchado y también el futuro que nos aguarda, la muerte, pero ponemos flores en esa tristeza en señal de esperanza, incluso de fiesta. Y la tristeza se mezcla con la esperanza. Esto es lo que todos nosotros sentimos ante los restos de nuestros seres queridos: la memoria y la esperanza. Sentimos también que esta esperanza nos ayuda, porque nosotros seguiremos el mismo camino. Tarde o temprano, todos lo haremos. Con más o menos dolor, todos lo haremos. Pero lo haremos con la flor de la esperanza, la esperanza de la resurrección, con ese cabo fuerte que está anclado más allá. Y esa ancla no decepciona. El primero que siguió ese camino fue Jesús. Nosotros recorremos el camino que él trazó. «Sé que mi redentor vive y que al fin se alzará sobre el polvo. Yo mismo lo veré, y no otro; mis propios ojos lo verán».

Desafíos

Los males de nuestro mundo —y los de la Iglesia— no deberían ser una excusa para reducir nuestro compromiso y nuestro fervor. Considerémoslos desafíos que nos ayudan a crecer.

El caballo y el río

Un momento de crisis es un momento de elección, un momento que nos pone delante de las decisiones que debemos tomar. Todos hemos tenido y tendremos momentos críticos en la vida: crisis familiares, matrimoniales, sociales, laborales, un sinfín de dificultades. La pandemia que hemos padecido es también un momento de crisis social.

¿Cómo debemos reaccionar en los momentos críticos? «Desde entonces, muchos discípulos suyos se echaron atrás y no volvieron a ir con él» (Jn 6, 66). Jesús decide preguntar a sus apóstoles: «¿También vosotros queréis marcharos?» (v. 67). Les pide que tomen una decisión y entonces Pedro hace la segunda confesión: «Señor, ¿a quién vamos a acudir? Tú tienes palabras de vida eterna; nosotros creemos y sabemos que tú eres el Santo de Dios» (vv. 68-69). En nombre de los doce, Pedro confiesa que Jesús es el Santo de Dios, el Hijo de Dios.

Poco antes, Pedro había efectuado la primera confesión: «Tú eres el Mesías, el Hijo del Dios vivo», pero enseguida, cuando Jesús empezó a hablarles de la futura Pasión, él lo interrumpió protestando: «¡Lejos de ti tal cosa, Señor! Eso no puede pasarte». Jesús lo regañó entonces: «¡Ponte detrás de mí, Satanás! Eres para mí piedra de tropiezo, porque tú piensas como los hombres, no como Dios» (Mt 16, 16-23).

En cambio, en la segunda confesión, Pedro ha madurado y no protesta. No entiende lo que dice Jesús respecto al que «come mi carne y bebe mi sangre» (vv. 6, 54-56), no lo comprende, pero se fía de su Maestro. Confía en Él. Y hace la segunda confesión: «Señor, ¿a quién vamos a acudir? Tú tienes palabras de vida eterna» (v. 68).

Esto nos ayuda, a todos nosotros, a vivir los momentos de crisis. En mi tierra hay un proverbio que dice: «Cuando vas a caballo y debes cruzar un río, no cambies de caballo en medio de él». En los momentos difíciles es necesario tener una fe firme. Los discípulos que se marcharon «cambiaron de caballo», buscaron otro maestro que no fuera tan «duro», como le decían a Él. En el momento crítico hacen falta perseverancia y silencio, debemos permanecer donde estamos, firmes. No es el momento de realizar cambios, sino de fidelidad, fidelidad a Dios y a las decisiones que hemos tomado. Es también el momento de la conversión, porque la fidelidad nos inspirará alguna transformación en favor del bien, no para alejarnos de él. Momentos de paz y momentos de crisis. Los cristianos debemos aprender a manejar los dos. Los dos.

¡Cristo vive!

Él es nuestra esperanza y la juventud más hermosa de este mundo. Todo lo que toca se vuelve joven, nuevo, se llena de vida. Por eso, las primeras palabras que quiero dirigir a todos los jóvenes cristianos son: ¡Él vive y te quiere vivo!

Él está en ti, está contigo y nunca se va. Por mucho que tú te alejes, el Resucitado siempre está a tu lado, llamándote y esperándote para volver a empezar. Cuando la tristeza, el rencor, el miedo, la duda o el fracaso te hagan sentir viejo, Él estará ahí para devolverte la fuerza y la esperanza.

Nuestro dolor es una semilla de alegría

En los momentos de dolor y pena, en que no entendemos nada y queremos rebelarnos, miremos a nuestra madre y, como un niño asustado, aferremos su túnica y digámosle con el corazón: «¡Madre!». No estamos solos, tenemos una madre.

Tenemos a Jesús, que es nuestro hermano mayor. No estamos solos.

Miremos al futuro con los ojos de la fe. Nuestro dolor es una semilla que un día germinará en la alegría que el Señor ha prometido a todos los que han creído en sus palabras: «Bienaventurados los que lloran, porque ellos serán consolados» (Mt 5, 5). La *com-pasión* de Dios, el sufrimiento que comparte con nosotros, da un significado y un valor eternos a nuestros esfuerzos.

Hay quien camina y quien... deambula

Hay muchas personas, incluso cristianas y católicas pertenecientes a comunidades, que no caminan. Existe la tentación de pararse. Hay muchos cristianos parados. Su esperanza es débil. A pesar de que creen en la existencia del cielo, no lo buscan. Cumplen los mandamientos, obedecen los preceptos, todo, pero están parados. Y el Señor no puede usarlos como levadura para hacer crecer su pueblo.

Por otra parte, están los que se equivocan de camino. Todos nos hemos equivocado de camino alguna vez, pero ese no es el problema, el problema es no volver atrás cuando nos damos cuenta de que hemos errado. Nos equivocamos de camino debido a nuestra condición de pecadores. Caminamos, pero en ocasiones tomamos un camino desacertado. Es posible volver atrás: el Señor nos concede esta gracia, la de poder regresar.

Hay, por último, otro grupo más peligroso, porque se engaña a sí mismo. Son los que caminan sin avanzar. Son los cristianos errantes: deambulan, deambulan como si la vida fuera una especie de turismo existencial, sin meta alguna, donde no hay que tomarse en serio las promesas. Los que vagan y se engañan porque dicen: «Yo camino». No, tú no caminas, ¡tú deambulas! En cambio, el Señor nos pide que no nos detengamos, que no erremos el camino y no deambulemos por la vida. Nos pide que atendamos a las promesas, que sigamos adelante con ellas.

Los jóvenes son una promesa de vida

Hace tiempo me preguntó un amigo qué veo cuando pienso en un joven. Mi respuesta fue: «Veo un chico o una chica que busca su camino, que quiere volar con los pies, que se asoma al mundo y mira el horizonte con ojos llenos de esperanza, futuro e ilusión. El joven camina con los pies, como los adultos, pero, a diferencia de ellos, que los mueven en paralelo, pone siempre uno delante de otro, listo para partir, para saltar, lanzado hacia delante. Hablar de los jóvenes significa hablar de promesas y también de alegría. Los jóvenes tienen una gran fuerza, son capaces de mirar con esperanza. Un joven es una promesa de vida con cierto grado de tenacidad en su interior; lo bastante loco para ilusionarse y suficientemente capaz de sobreponerse a la posible decepción».

¡Enamórate!

¿Buscas la pasión? Como dice una bella poesía de Pedro Arru-
pe, ¡enamórate! (o déjate enamorar), porque «nada puede
importar más que encontrar a Dios. Es decir, enamorarse de Él
de una manera definitiva y absoluta. Aquello de lo que te ena-
moras atrapa tu imaginación y acaba por ir dejando su huella
en todo. Será lo que decida qué es lo que te saca de la cama en
la mañana, qué haces con tus atardeceres, en qué empleas tus
fines de semana, lo que lees, lo que conoces, lo que rompe tu
corazón y lo que te sobrecoge de alegría y gratitud. ¡Enamórate! ¡Permanece en el amor! Todo será de otra manera». El amor
de Dios, que colma apasionadamente toda la vida, es posible
gracias al Espíritu Santo, porque «el amor de Dios ha sido de-
rramado en nuestros corazones por el Espíritu Santo que se
nos ha dado» (Rom 5, 5).

II

Soñar con la belleza

A Occidente le falta la poesía

Existe una sabiduría oriental que no es exclusivamente sabiduría de conocimiento, sino también de tiempo y contemplación. A la sociedad occidental, que siempre va acelerada, le ayudaría mucho aprender unas cuantas nociones de contemplación, detenerse, incluso mirar poéticamente las cosas. Creo que a Occidente le falta un poco de poesía. En Occidente hay elementos poéticos muy hermosos, pero Oriente llega más lejos. Oriente es capaz de mirar las cosas con ojos que van más allá; no quiero usar la palabra «trascendente», porque algunas religiones orientales no aluden a la trascendencia, pero su visión supera sin duda el límite de la inmanencia. Van más allá. Por eso hablo de «poesía», de la gratuidad. Creo que a los occidentales nos vendría bien pararnos un poco y conceder algo de tiempo a la sabiduría. La cultura de la prisa necesita la cultura del *pararse un momento*. Párate.

Crear poetas

No se puede crear sin inducir a la belleza, sin inducir al corazón a la belleza. Forzando un poco el razonamiento, me atrevería a decir que una educación no es eficaz si no sabe crear poetas. El camino de la belleza es un desafío que es necesario afrontar.

Una vida llena de gracia

La oración del hombre guarda estrecha relación con el sentimiento del *estupor*. La grandeza del hombre es infinitesimal cuando se compara con las dimensiones del universo. Sus mayores conquistas parecen muy poca cosa... En cualquier caso, eso no significa que el hombre no sea nada. En la oración se afirma con prepotencia un sentimiento de misericordia. Nada existe por casualidad: el secreto del universo está en nuestros ojos cuando se cruzan con una mirada. El salmo ocho afirma que somos poco inferiores a los ángeles y que estamos coronados de gloria y dignidad (v. 8, 6). La relación con Dios es la grandeza del hombre: su entronización. Por naturaleza somos poco menos que una nimiedad, pero nuestra vocación, nuestra llamada, ¡nos convierte en hijos del gran Rey!

Se trata de una experiencia que hemos vivido muchos de nosotros. Si la vida, con todas sus amarguras, en ocasiones llega casi a sofocar en nosotros el don de la oración, basta contemplar un cielo estrellado, un atardecer o una flor para que se vuelva a encender la chispa del agradecimiento. Esta experiencia quizá fundamente la primera página de la Biblia.

La oración es la principal fuerza de la esperanza. Rezas y la esperanza aumenta, sigue adelante. Diría que la oración abre la puerta a la esperanza. La esperanza existe, pero con mi oración le abro la puerta. Porque los hombres de oración custodian las verdades esenciales; son los que repiten, en primer lugar a sí mismos y después a los demás, que esta vida, a pesar de sus afanes y sus pruebas, a pesar de sus días difíciles, está llena de una gracia de la que maravillarse. Y como tal hay que defenderla y protegerla siempre.

En armonía con la creación

El Señor podía invitar a las personas a prestar atención a la belleza del mundo, porque Él también estaba en contacto continuo con la naturaleza y la contemplaba con afecto y estupor. Cuando recorría los diferentes rincones de su tierra, se detenía a admirar la belleza que había sembrado su Padre y animaba a sus discípulos a ver en las cosas un mensaje divino: «Levantad los ojos y contemplad los campos, que están ya dorados para la siega» (Jn 4, 35). «El reino de los cielos se parece a un grano de mostaza que uno toma y siembra en su campo; aunque es la más pequeña de las semillas, cuando crece es más alta que las hortalizas; se hace un árbol» (Mt 13, 31-32). Jesús vivía en plena armonía con la creación y esto asombraba a la gente.

Volver a despertar a la maravilla

Volver a despertar a la belleza, volver a despertar a la maravilla, al estupor capaz de abrir nuevos horizontes y plantear nuevos interrogantes. Una vida consagrada que no es capaz de abrirse a la sorpresa es una vida que se ha quedado a medio camino. Quiero repetir esto. Una vida consagrada que no es capaz de sorprenderse cada día, de alegrarse o de llorar, es una vida consagrada que se queda a medio camino. El Señor no nos ha llamado para mandarnos al mundo a imponer obligaciones a las personas o cargas más pesadas de las que ya tienen, que son muchas, sino a compartir la alegría, un bello horizonte, nuevo y sorprendente.

El esplendor del hombre

El salmo octavo dice: «Cuando contemplo el cielo, obra de tus dedos, la luna y las estrellas que has creado. ¿Qué es el hombre para que te acuerdes de él, el ser humano, para mirar por él? (vv. 4-5). El orante contempla el misterio de la existencia que lo rodea, ve el cielo estrellado que se cierne sobre él —y que la astrofísica nos muestra hoy en día en toda su inmensidad— ¡y se pregunta qué diseño amoroso debe de haber detrás de una obra tan imponente! En esa vastedad ilimitada, ¿qué es el hombre? «Casi nada», dice otro salmo (v. 89, 48): un ser que nace y muere, una criatura enormemente frágil. A pesar de ello, el ser humano es la única criatura en todo el universo consciente de esta profusión de belleza. Un ser pequeño que nace, muere, que hoy existe y mañana ha dejado de existir, es el único que toma conciencia de esa belleza. ¡Nosotros somos conscientes de esa belleza!

La gratuidad del juego

Una persona que no sabe soñar despierta, que no sabe tener sueños, es triste. Saber soñar es importante. «Pero qué tonto eres, vamos, ve a lo concreto». Los sueños son concretos, los sueños desvían tu mirada hacia el horizonte, te abren un poco la vida, te oxigenan el alma. No hay que perder la capacidad de soñar, no hay que perderla. Existe una bonita canción italiana, *Nel blu dipinto di blu*, que es un himno a la capacidad de soñar. Y de jugar. El juego también maneja el lenguaje de la gratuidad. Una de las peores cosas que suceden hoy en día en el mundo del fútbol es que este ha perdido su aspecto lúdico, se ha vuelto demasiado comercial, porque es justo el juego, el juego como aficionado, el que te hace crecer. El juego es gratuito, es gratuidad. No perdáis nunca de vista este concepto.

Quien no sabe jugar no es una persona madura

Una persona que no aprende a jugar de niño nunca será una persona madura, sino alguien escindido en su interior, una persona estéril, incapaz de escribir una poesía, incapaz incluso de soñar. Jugar es importante. Os voy a contar algo. Cuando confieso a los jóvenes esposos que tienen dos o tres hijos, les pregunto: «¿Usted juega con sus hijos?». La mayoría de vosotros tendrá hijos dentro de unos años, no os olvidéis de jugar con ellos. Padres y madres que saben jugar con sus hijos tirados en el suelo: eso es sabiduría, es criar bien a un hijo.

Todos hemos recibido un sueño

Es bonito encontrar, entre las cosas que han guardado nuestros padres, un recuerdo que nos permita imaginar lo que soñaron para nosotros nuestros abuelos y abuelas. Antes incluso de nacer, cada ser humano recibe como regalo de sus abuelos la bendición de un sueño lleno de amor y esperanza: el de una vida mejor. Y si no lo recibe de sus abuelos, estoy seguro de que un bisabuelo habrá soñado y se habrá alegrado al contemplar a sus hijos y luego a sus nietos en la cuna. El sueño primordial, el sueño creador de Dios nuestro Padre, precede y acompaña la vida de todos sus hijos. Recordar esta bendición, que pasa de una generación a otra, es una herencia preciosa que debemos saber mantener viva para poder transmitirla.

Por eso es bueno dejar que los ancianos cuenten largas historias, que a veces pueden parecer mitológicas, fantasiosas —son sueños propios de ancianos—, pero que en muchas ocasiones contienen valiosas experiencias, símbolos elocuentes o mensajes ocultos. Estas narraciones requieren tiempo y que estemos dispuestos a escucharlas e interpretarlas con paciencia, porque no cabrían en los mensajes de las redes sociales. Debemos aceptar que la sabiduría que necesitamos para vivir no puede estar delimitada por los actuales recursos de la comunicación.

Amar la verdad, buscar la belleza

Cuando el hombre se encuentra a sí mismo, busca a Dios. Puede que no logre encontrarlo, pero mientras busca la verdad recorre una senda de honestidad, bondad y belleza. Para mí, un joven que ama la verdad y la busca, que ama la bondad y es bueno, que busca y ama la belleza, ¡va por el buen camino y seguramente encontrará a Dios! ¡Tarde o temprano lo encontrará! El camino es largo y algunos no lo encuentran en toda su vida, no de forma consciente, al menos. Pero los que son tan auténticos y honestos consigo mismos, tan buenos y amantes de la belleza, tienen una personalidad muy madura, capaz de un encuentro con Dios, que siempre constituye una gracia. Porque el encuentro con Dios es una gracia. Dios no se encuentra de oídas, tampoco pagando. Se trata de un camino personal, un camino que hay que recorrer, solo así podemos encontrarlo.

La armonía de las diferencias

San Pablo escribió: «Alegraos siempre. ¡El Señor está cerca!» (Flp 4, 4-5). Me gustaría hacer a todos una pregunta y que todos la guardaran en su corazón, como una tarea que deben desempeñar. Y que se respondiesen a sí mismos. ¿Cómo es la alegría en tu casa? ¿Cómo es la alegría en tu familia?

Queridas familias, vosotras lo sabéis: la verdadera alegría que se disfruta en familia no es superficial, no depende de las cosas ni de las circunstancias favorables... La auténtica alegría

procede de la armonía profunda entre las personas, que todos
sienten en el corazón, que nos hace sentir la belleza de estar
juntos, de ayudarnos unos a otros en el camino de la vida. Y el
fundamento de este sentimiento de alegría profunda es la presencia de Dios, la presencia de Dios en la familia, su amor be-
névolo y misericordioso que respeta a todos. Pero, sobre todo,
es un amor paciente: la paciencia es una virtud de Dios, que
nos enseña a tener en familia este amor paciente, los unos con
los otros. Tener paciencia entre nosotros. Solo Dios sabe crear
la armonía de las diferencias. Si falta el amor de Dios, la familia
pierde la armonía, prevalecen los individualismos y la alegría
se apaga. En cambio, la familia que vive la alegría de la fe la
comunica de forma espontánea, es sal de la tierra y luz del
mundo, fermento para toda la sociedad.

Hermosos caminos de amor

El amor conyugal y familiar revela también claramente la vocación de la persona a amar de manera exclusiva y permanente, y que las pruebas, los sacrificios y las crisis de la pareja o
de la familia son también momentos en los que crecer en el
bien, la verdad y la belleza. En el matrimonio nos entregamos
por completo, sin cálculos ni reservas, compartimos todo,
dones y renuncias, confiando en la providencia de Dios. Los
jóvenes pueden aprender esta experiencia de sus padres y
abuelos. Es una experiencia de fe en Dios y de confianza recíproca, de profunda libertad, de santidad, ¡porque la santidad
implica entregarse con lealtad y sacrificio todos los días de la

vida! Es posible que en el matrimonio existan problemas, puntos de vista diferentes, celos, que en ocasiones se llegue incluso a pelear. Pero hay que decir a los jóvenes esposos que no acaben nunca el día sin haber hecho las paces. El sacramento del matrimonio se renueva en este acto de paz posterior a una discusión, un malentendido, unos celos ocultos o incluso un pecado.

La reconciliación une a la familia; hay que decir a los jóvenes, a las parejas jóvenes, que no es fácil recorrer este camino, pero que aun así es un camino hermoso, sumamente hermoso. ¡Hay que decírselo!

Si los ancianos no sueñan, los jóvenes no ven

En la profecía de Joel encontramos el siguiente anuncio: «Después de todo esto, derramaré mi espíritu sobre toda carne, vuestros hijos e hijas profetizarán, vuestros ancianos tendrán sueños y vuestros jóvenes verán visiones» (Jl 3, 1; Hch 2, 17). Si los jóvenes y los ancianos se abren al Espíritu Santo, juntos forman una combinación maravillosa. Los ancianos sueñan y los jóvenes tienen visiones. ¿Cómo se completan las dos cosas?

Los sueños de los ancianos se entretejen con los recuerdos, con las imágenes de sus numerosas vivencias, marcados por la experiencia y por los años. Si los jóvenes arraigan en los sueños de los ancianos, logran ver el futuro, pueden tener visiones que les abran el horizonte y les muestren nuevos caminos. Pero si los ancianos no sueñan, los jóvenes ya no pueden ver con claridad el horizonte.

El Espíritu Santo es armonía

A primera vista, el Espíritu Santo parece crear desorden en la Iglesia, porque porta carismas y dones diferentes; pero, bajo su acción, eso constituye una gran riqueza, porque el Espíritu Santo es el Espíritu de la unidad, que no significa uniformidad, sino amalgamar todo con armonía. En la Iglesia la armonía es obra del Espíritu Santo. Uno de los padres de la Iglesia tiene una expresión que me gusta mucho: el Espíritu Santo *«ipse harmonia est»*. Él es precisamente la armonía. Solo Él puede suscitar la diversidad, la pluralidad, la multiplicidad y, al mismo tiempo, generar la unidad.

La soledad buena y la soledad mala

En la vida siempre es importante tener un momento para estar solos, sin nadie que nos mire, cara a cara con nosotros mismos. Tú delante de tu conciencia. Es algo bueno. Yo lo hago a veces. Gracias a Dios, no me siento solo en el sentido de no tener amigos, personas a mi lado. Estoy ocupado y esto también es bueno. Me refiero a una soledad buena. Es importante acostumbrarse a vivir un momento de soledad a lo largo del día, cada dos o tres días... Saber decirse: «Me siento solo y quiero ver qué sucede en mi vida».

Pero existe también una soledad mala, la que experimenta mucha gente que no tiene trabajo, que pierde a los amigos. Una soledad perversa, que te hiere, que te hunde en la melancolía, en malos pensamientos como los celos y la venganza:

«Me siento solo y pienso en cómo puedo hacer daño a los demás». Hay muchos tipos de soledades. En cualquier caso, todos debemos tener un poco de soledad buena, no demasiada, pero sí la suficiente para poder preguntarnos cómo va nuestra vida, qué sucede dentro de nosotros... Eso ayuda a crecer.

Ni ansiedad ni inseguridad

Debemos perseverar en el camino de los sueños y para eso tenemos que estar atentos a una tentación que a menudo nos juega malas pasadas: la ansiedad. Puede llegar a convertirse en una gran enemiga cuando nos lleva a rendirnos porque descubrimos que los resultados no son inmediatos. Los sueños más hermosos se conquistan con esperanza, paciencia y esfuerzo, sin prisas. Además, la inseguridad no debe inhibirnos, no debemos tener miedo a arriesgarnos y a cometer errores. Al contrario, debemos tener miedo de vivir paralizados, como muertos vivientes, como individuos que no viven porque no quieren exponerse, porque no cumplen con sus compromisos o tienen miedo de equivocarse. Da igual si te equivocas, siempre podrás erguir de nuevo la cabeza y volver a empezar, porque nadie tiene derecho a robarte la esperanza.

Salir de uno mismo

Cuando un encuentro con Dios se llama «éxtasis» es porque nos empuja a salir de nosotros mismos y nos eleva, capturados por el amor y la belleza de Dios. Aunque también podemos salir de nosotros mismos para reconocer la belleza que se esconde en cada ser humano, en su dignidad y en su grandeza como imagen de Dios e Hijo del Padre. El Espíritu Santo nos incita a salir de nosotros mismos, a abrazar a los demás con amor y a buscar su bien. Por eso siempre es mejor vivir la fe juntos y expresar nuestro amor en una vida comunitaria, compartiendo con otros jóvenes nuestro afecto, nuestro tiempo, nuestra fe y nuestras inquietudes. La Iglesia ofrece numerosos y distintos espacios para vivir la fe en comunidad, porque juntos todo resulta más fácil.

No olvides tu dignidad

Los seres humanos, capaces de degradarse hasta el extremo, también pueden superarse, volver a elegir el bien y regenerarse, sin importar cuál sea el condicionamiento psicológico y social al que están sometidos. Son capaces de mirarse a sí mismos con honestidad, de hacer emerger su disgusto y de emprender nuevos caminos hacia la verdadera libertad. No existen sistemas que anulen por completo la apertura al bien, a la verdad y a la belleza, como tampoco pueden acabar con la capacidad de reaccionar que Dios sigue alentando en lo más profundo de nuestros corazones. A cada persona de este mundo le pido que no olvide su dignidad, porque nadie tiene derecho a privarle de ella.

La belleza del pan compartido

La comunión de la familia reunida alrededor de la mesa y el pan compartido con generosidad son de una belleza extraordinaria, incluso cuando el comedor es muy pobre. También hay belleza en la mujer despeinada y un poco anciana que cuida del marido enfermo sean cuales sean sus fuerzas y su salud. Aunque quede lejos la primavera del cortejo, hay belleza en la fidelidad de las parejas que se aman en el otoño de la vida y en los viejecitos que caminan cogidos de la mano. Más allá de la apariencia y la estética, hay asimismo belleza en los hombres y las mujeres que viven con amor su vocación personal, en el servicio desinteresado a la comunidad, a la patria, en el trabajo generoso en favor de la felicidad familiar, en aquellos que se comprometen en el arduo trabajo anónimo y gratuito para restablecer la amistad social. Descubrir, mostrar y destacar esta belleza, que recuerda a la de Cristo en la cruz, significa poner las bases de la verdadera solidaridad social y de la cultura del encuentro.

El dolor y el consuelo

Cuando una persona está enferma a veces pensamos en llamar al sacerdote para la extremaunción, pero después reconsideramos la idea, nos decimos: «No, trae mala suerte, no lo llamemos», o «El enfermo se va a asustar». ¿Por qué pensamos así? Porque creemos que después del sacerdote llegan las pompas fúnebres. No es cierto. El sacerdote acude para ayudar al enfermo o al anciano, por eso es tan importante su visita. Y con el sacerdote llega también Jesús para alentar al enfermo, para darle ánimos y esperanza, para ayudarlo; también para perdonar sus pecados. ¡Y eso es muy hermoso! No debemos considerarlo un tabú, porque siempre es hermoso saber que no estamos solos en el momento del dolor y la enfermedad: el sacerdote y los que asisten a la extremaunción de los enfermos representan a toda la comunidad cristiana que, como un único cuerpo, abraza al que sufre y a sus familiares, alimentando en ellos la fe y la esperanza y sosteniéndolos con la oración y el calor fraternal. Pero el mayor consuelo es la presencia en el sacramento de nuestro Señor Jesús, que nos agarra la mano, nos acaricia como hacía con los enfermos y nos recuerda que ya le pertenecemos y que nada —ni el dolor ni la muerte— podrá separarnos de Él.

Si contamos con la costumbre de llamar al sacerdote para que dé a nuestros ancianos y enfermos —no digo por una gripe, sino cuando existe una enfermedad grave— este sacramento, este consuelo, la fuerza que nos ha regalado Jesús para que podamos seguir adelante, ¡hagámoslo!

Un sueño en común

Encontrarse no significa mimetizarse, ni que todos deban pensar lo mismo, ni vivir todos iguales haciendo y repitiendo las mismas cosas: eso lo hacen los loros. Encontrarse significa saber hacer otra cosa: entrar en la cultura del encuentro. Es una llamada y una invitación a tener el valor de mantener en vida un sueño común. Somos muy diferentes, hablamos distintos idiomas, no nos vestimos igual, pero, por favor, aspiremos a tener un sueño en común. Eso sí que podemos hacerlo. Y eso no nos anula, al contrario, nos enriquece. Un sueño grande, un sueño abierto a todos. El sueño por el que Jesús dio su vida en la cruz y por el que el Espíritu Santo se derramó el día de Pentecostés, marcándolo a fuego en el corazón de cada hombre y mujer, grabándolo en el corazón de todos con la esperanza de que encuentre espacio para crecer y desarrollarse. Un sueño, un sueño llamado Jesús, sembrado por el Padre con la confianza de que crecerá y vivirá en todos los corazones. Un sueño concreto, que es una Persona, que fluye por nuestras venas, que estremece y agita el corazón cada vez que lo escuchamos: «Amaos los unos a los otros. Amaos los unos a los otros como yo os he amado. Así todos sabrán que sois mis discípulos».

III

Por qué Dios es alegre

Como una estrella que en mí cintila

Es urgente recuperar el carácter luminoso de la fe, porque, cuando su llama se apaga, las demás luces acaban perdiendo también su vigor. De hecho, la luz de la fe es singular, porque es capaz de iluminar *toda* la existencia del hombre. Una luz tan potente, sin embargo, no puede proceder de nosotros, sino de una fuente más primigenia; en definitiva, debe proceder de Dios. La fe nace del encuentro con Dios vivo, que nos llama y nos revela su amor, un amor que nos precede y en el que podemos apoyarnos para ser fuertes y construir la vida. Transformados por este amor recibimos ojos nuevos, experimentamos que en él hay una gran promesa de plenitud y en nosotros se abre la mirada hacia el futuro. La fe, que recibimos de Dios como don sobrenatural, aparece como una luz para el camino, una luz que orienta nuestro avanzar en el tiempo. Por una parte procede del pasado, es la luz de una memoria basilar, la de la vida de Jesús, en la que este manifestó un amor plenamente fiable, capaz de vencer a la muerte. Pero, al mismo tiempo, dado que Cristo resucitó y nos atrae más allá de la muerte, la fe es una luz que procede del futuro, que nos abre grandes horizontes y nos empuja a salir de nuestro «yo» aislado para participar en la amplitud de la comunión. Entonces comprendemos que la fe no reside en la oscuridad, que en realidad es una luz para iluminar nuestras tinieblas. Dante, en la *Divina comedia*, tras confesar su fe ante san Pedro la describe como «Este principio que en mi hablar destella, y me tiene en sus llamas encendido, ¡en mí cintila como en cielo estrella!» (*Paraíso*, XXIV).

Es de esta luz de la fe de la que quiero hablar, para que crezca e ilumine el presente hasta convertirse en una estrella que muestre los horizontes de nuestro camino, en un tiempo en que el hombre carece especialmente de luz.

No ser murciélago en las tinieblas

Ciertas personas —también nosotros, en muchas ocasiones— no pueden vivir en la luz, porque están acostumbradas a las tinieblas. La luz las deslumbra, les impide ver. Son murciélagos humanos: solo saben moverse en la noche. También nosotros, cuando pecamos, nos sumimos en ese estado: no toleramos la luz. «La luz vino al mundo, y los hombres prefirieron la tiniebla a la luz, porque sus obras eran malas» (Jn 3, 19), dice Jesús. Nos sentimos más cómodos viviendo en las tinieblas, la luz nos abofetea, nos obliga a ver lo que no queremos ver. Pero lo peor es que los ojos, los ojos del alma, de tanto vivir en las tinieblas se acostumbran a ellas, a tal punto que

acaban por no saber lo que es la luz. Los numerosos escándalos humanos y corrupciones apuntan a esto. Los corruptos no
saben lo que es la luz, no la conocen. También nosotros, cuando hemos pecado y nos hemos alejado del Señor, nos volvemos ciegos y nos sentimos mejor en las tinieblas, andamos así,
sin ver, como los ciegos, moviéndonos como podemos.

Dejemos que el amor de Dios, que envió a Jesús para salvarnos, y «la luz que trae Jesús» (Jn 3, 19), la luz del Espíritu,
entren en nosotros y nos ayuden a ver las cosas con la luz divina, con la verdadera luz y no con la oscuridad que nos ofrece
el señor de las tinieblas.

Esta es la pregunta que podemos hacernos todos los días:
«¿Camino en la luz o camino en las tinieblas? ¿Soy hijo de Dios
o he acabado siendo un *pobre murciélago*?».

No envejecer antes de tiempo

A veces la energía, los sueños y el entusiasmo de la juventud se
debilitan por la tentación de encerrarnos en nosotros mismos,
en nuestros problemas, en los sentimientos heridos, en las
quejas y en las comodidades. No permitas que te suceda esto,
porque envejecerás por dentro y antes de hora.

La mano tendida de Dios

La enfermedad siempre trae consigo grandes interrogantes.
Nuestra primera reacción puede ser rebelarnos e incluso vivir

momentos de desconcierto y desolación. Es el grito de dolor y está bien que sea así: el mismo Jesús lo padeció y lo hizo suyo. Con la oración queremos unirnos a su grito. Uniéndonos a Jesús en su pasión descubrimos la fuerza que nos transmite su comprensión de nuestra fragilidad y nuestras heridas. Es una invitación a aferrarnos a su vida y a su sacrificio. Si en ocasiones sentimos dentro «el pan de la angustia y el agua de la opresión», rezamos para poder encontrar también, en una mano tendida, la ayuda que necesitamos para descubrir el consuelo que nos ofrece el Señor que «no se esconderá» (Is 30, 20), sino que está a nuestro lado y nos acompaña.

Antorchas en la hora oscura

El tema del cuidado de los enfermos en las fases críticas y terminales de la vida apela a la tarea de la Iglesia de reescribir la «gramática» del hacerse cargo y cuidar de los que sufren. El ejemplo del buen samaritano nos enseña que es necesario transformar la mirada del corazón, porque muchas veces el que mira no ve. ¿Por qué? Porque no tiene compasión. Me viene a la mente que, en muchas ocasiones, al hablar de Jesús frente a una persona que sufre, el Evangelio dice: «Tuvo compasión». «Tuvo compasión»: un estribillo de Jesús. Sin compasión, el que mira no se implica en lo que observa y pasa de largo; en cambio, quien tiene un corazón compasivo, queda afectado y se involucra, se detiene y se hace cargo.

Es necesario crear alrededor del enfermo una auténtica plataforma humana de relaciones que, al mismo tiempo que se ocupan de la asistencia médica, abran las puertas a la esperanza, especialmente en aquellas situaciones límite en las que al dolor físico se unen el desaliento emotivo y la angustia espiritual.

El enfoque relacional —y no solo clínico— en el tratamiento del enfermo, considerado en la unicidad e integralidad de su persona, impone el deber de no abandonar nunca a nadie en caso de enfermedades incurables. Debido a su destino eterno, la vida humana conserva todo su valor y dignidad en cualquier condición, incluso si esta es precaria y frágil, y como tal siempre es merecedora de la máxima consideración.

Santa Teresa de Calcuta, que practicó la proximidad y la confraternidad preservando hasta el final el reconocimiento y el respeto de la dignidad humana y humanizando la muerte, decía: «Aquel que en el camino de la vida ha encendido, aunque solo haya sido una vez, una antorcha en la hora oscura de alguien no ha vivido en vano».

¿Qué podemos hacer?

El miedo y la incertidumbre nos unen. Es necesario animar a tantos corazones rotos. Pienso en lo que decía Jesús al hablar del Espíritu Santo: utilizaba una palabra especial, «paráclito», es decir, consolador. Muchos de vosotros habéis experimentado su consuelo, la paz interior que nos hace sentirnos amados, la dulce fortaleza que siempre nos confiere valor, incluso en los momentos más dolorosos. El Espíritu nos da la certeza de que no estamos solos, de que Dios nos sostiene. Queridí-

simos hermanos, debemos donar lo que hemos recibido: estamos llamados a propagar el consuelo del Espíritu, la *cercanía
de Dios*.

¿Qué podemos hacer? Pensemos en lo que nos gustaría
tener en este momento: consuelo, ánimo, alguien que nos cuide, que rece por nosotros, que llore con nosotros, que nos
ayude a afrontar nuestros problemas. Pues bien, hagamos con
los demás lo que nos gustaría que los demás hicieran con nosotros (Mt 7, 12). ¿Deseamos que nos escuchen? Escuchemos.
¿Necesitamos que nos animen? Animemos. ¿Queremos que
alguien cuide de nosotros? Cuidemos de los que no tienen a
nadie. ¿Necesitamos esperanza para el futuro? Donemos esperanza hoy.

Reza por el don de la esperanza

La esperanza es un don divino. Debemos pedirla. Se encuentra
en lo más profundo del corazón de cada persona para que
pueda iluminar con su luz el presente, que a menudo se ve
turbado y ofuscado por numerosas situaciones tristes y dolorosas. Necesitamos que las raíces de nuestra esperanza sean
cada vez más sólidas para que puedan dar fruto. En primer
lugar, hemos de tener la certeza de la presencia y de la compasión de Dios, a pesar del mal que hayamos podido cometer.
No existe lugar en nuestro corazón donde no pueda llegar el
amor de Dios. La misericordia del Padre se hace aún más presente donde hay una persona que ha errado para suscitar en
ella el arrepentimiento, el perdón, la reconciliación y la paz.

La sonrisa que nace en nuestro interior

Cuando estamos rodeados de oscuridad, en una situación difícil, no logramos sonreír. La esperanza es, precisamente, la que nos enseña a sonreír para encontrar el camino hacia Dios. Una de las primeras cosas que les ocurren a las personas que se separan de Dios es que pierden la sonrisa. Puede que sean capaces de soltar una sonora carcajada, de reírse sin parar, de gastar bromas..., ¡pero falta la sonrisa! La sonrisa solo la da la esperanza de encontrar a Dios.

La vida es a menudo un desierto, es arduo caminar por ella, pero si nos ponemos en manos de Dios puede ser tan hermosa y amplia como una autopista. Basta con no perder nunca la esperanza, seguir creyendo, siempre, a pesar de todo. Aunque tengamos muchos problemas y dificultades, cuando vemos a un niño surge la sonrisa de nuestro interior, porque nos encontramos delante de la esperanza: ¡un niño es esperanza! Así pues, en la vida tenemos que aprender a ver el camino de la esperanza que nos conduce hasta Dios; Dios, que se hizo niño por nosotros. ¡Y nos hará sonreír, nos dará todo!

El valor del llanto

¡Al mundo de hoy le falta el llanto! Lloran los marginados, lloran los que son apartados, lloran los despreciados, pero nosotros, que disfrutamos de una vida en la que, más o menos, no nos falta de nada, no sabemos llorar. Ciertas realidades de la vida solo se ven con los ojos que han lavado las lágrimas. Os invito a que os preguntéis: ¿he aprendido a llorar? ¿Lloro cuando veo un niño hambriento, un niño drogado en la calle, un niño sin hogar, un niño abandonado, un niño víctima de abusos, un niño esclavizado por la sociedad? ¿O el mío solo es el llanto caprichoso del que desea más? Esta es la primera cosa que querría deciros: aprendamos a llorar.

Jesús lloró en el Evangelio, lloró por la muerte de su amigo. Su corazón lloró por la familia que había perdido a una hija. Su corazón lloró cuando vio a la pobre madre viuda llevando a su hijo al cementerio. Se conmovió y su corazón lloró cuando vio a la multitud como un rebaño sin pastor. Si no aprendéis a llorar, no sois buenos cristianos. Esto es un desafío.

Abramos de par en par las puertas del consuelo

Si queremos vivir inmersos en el consuelo, es necesario que hagamos sitio al Señor en nuestra vida. Y para que el Señor viva de forma estable en nosotros es necesario abrirle la puerta y no dejarlo fuera. Las puertas del consuelo deben estar siempre abiertas, porque a Jesús le gusta entrar por ellas: debemos leer el Evangelio todos los días y llevarlo siempre con nosotros, orar de forma silenciosa y adorar, confesarnos, participar en la eucaristía. El Señor entra a través de esas puertas y da un sabor nuevo a las cosas. Cuando la puerta del corazón se cierra, su luz no llega y nos sumimos en la oscuridad. Nos acostumbramos al pesimismo, a que las cosas vayan mal, a las realidades que nunca cambiarán. Y acabamos siendo prisioneros de la tristeza, en los subterráneos de la angustia, solos en nuestro interior. En cambio, si abrimos de par en par las puertas del consuelo, ¡entra la luz del Señor!

Dios siempre da el primer paso

El bien siempre nos atrae, la verdad nos atrae, la vida, la felicidad y la belleza nos atraen... Jesús es el punto de encuentro de esa atracción recíproca, de ese doble movimiento. Es Dios y es hombre: Jesús. Dios y hombre. Pero ¿quién toma la iniciativa? ¡Siempre lo hace Dios! ¡El amor de Dios se adelanta siempre al nuestro! Él siempre toma la iniciativa. Él nos espera, nos invita, la iniciativa siempre es suya. Jesús es Dios hecho hombre, se ha encarnado, ha nacido por nosotros. La nueva estrella que se apareció a los Reyes Magos era la señal del nacimiento de Cristo. Si no hubieran visto la estrella, no se habrían puesto en camino. La luz nos precede, la verdad nos precede, la belleza nos precede. Dios nos precede. El profeta Isaías decía que Dios es como la flor del almendro. ¿Por qué? Porque en esa tierra el almendro es el primero en florecer. Y Dios siempre precede, siempre nos busca en primer lugar, Él da el primer paso.

Cuando estamos enfermos conocemos a Dios «con los ojos»

También cuando la enfermedad, la soledad y la incapacidad dominan nuestra vida de entrega, la experiencia del dolor puede convertirse en el lugar privilegiado donde se transmite la gracia y en una fuente para adquirir y reforzar la *sapientia cordis*. Por eso se entiende que Job, al final de su experiencia, afirmara al dirigirse a Dios: «Te conocía solo de oídas, pero ahora te han visto mis ojos» (Job 42, 5). También las personas inmersas en el misterio del sufrimiento y el dolor, aceptado en la fe, pueden convertirse en testigos vivos de una fe que permite habitar el padecimiento, incluso si el hombre no acaba de comprenderlo con su inteligencia.

La esperanza es como un yelmo

Es un yelmo. Eso es la esperanza cristiana. Al hablar de esperanza podemos entenderla de acuerdo con la acepción común del término, es decir, referida a algo hermoso que deseamos, pero que puede o no realizarse. Esperamos que suceda, es como un deseo. Por ejemplo, decimos: «¡Espero que mañana haga buen tiempo!», aunque sepamos que al día siguiente el clima puede ser malo... La esperanza cristiana no es así. La esperanza cristiana es la espera de algo que ya se ha realizado; es la puerta que está ahí y mi confianza en que voy a llegar a ella. ¿Qué debo hacer? ¡Caminar hacia la puerta! Estoy seguro de que llegaré a ella. Eso es la esperanza cristiana: tener la certeza de caminar hacia algo que existe, no hacia algo que deseo que exista.

¿Por qué Dios es alegre?

El capítulo quince del evangelio de san Lucas contiene las tres parábolas de la misericordia: la de la oveja extraviada, la de la moneda perdida y, por último, la más larga de todas, típica de san Lucas, la del padre y los dos hijos, el hijo «pródigo» y el hijo que se cree «justo», santo. Las tres parábolas hablan de la alegría de Dios. Dios es alegre. Esto es interesante: ¡Dios es alegre! ¿Y en qué consiste la alegría de Dios? La alegría de Dios consiste en perdonar. ¡Perdonar! Es la alegría de un pastor que encuentra a su oveja; la alegría de una mujer que recupera su moneda; la alegría de un padre que acoge de nuevo en casa al hijo que se había extraviado, que estaba como muerto y ha resucitado, que ha regresado al hogar. ¡Aquí está todo el Evangelio! ¡Aquí! ¡Aquí está todo el cristianismo! Pero, ojo, porque no estamos hablando de sentimientos, ¡esto no es «buenismo»! Al contrario, la misericordia es la verdadera fuerza que puede salvar al hombre y al mundo de ese «cáncer» que es el pecado, el mal moral, el mal espiritual. Solo el amor llena los vacíos, las vorágines negativas que el mal abre en el corazón y en la historia. Solo el amor puede hacer eso y ¡esa es la alegría de Dios!

El miedo es mal consejero

Una joven pregunta:
Yo tengo mis miedos. ¿De qué tiene miedo usted?

El papa Francisco responde:

¡De mí mismo! Miedo... Mira, en el Evangelio, Jesús repite a menudo: «¡No tengáis miedo! ¡No tengáis miedo!». Lo dice muchas veces. ¿Por qué? Porque sabe que el miedo es normal. Tenemos miedo de la vida, de los retos, de Dios. Todos tenemos miedo, todos. No debes preocuparte por tener miedo. Tienes que aceptarlo y luego preguntarte: «¿Por qué tengo miedo?». Y, ante Dios y ante ti misma, debes tratar de comprender lo que te sucede o pedir a alguien que te ayude a hacerlo. El miedo no es buen consejero, no da buenos consejos. Te empuja a emprender el camino incorrecto. Por eso Jesús repetía tanto: «¡No tengáis miedo! ¡No tengáis miedo!». Además, debemos aprender a conocernos a nosotros mismos, todos: cada uno de nosotros debe conocerse a sí mismo y tratar de entender cuál es el aspecto donde puede equivocarse más y temerlo. Porque existe el miedo malo y el miedo bueno. El miedo bueno equivale a la prudencia, es una actitud cauta: «Mira, tú eres débil en esto, en esto y en esto, sé prudente y no caigas». En cambio, el miedo malo es el que te anula y te abate. Te aniquila y te impide actuar: ese es el miedo malo y hay que deshacerse de él.

Del «sí mismo» al «sí»

El episodio de los dos discípulos de Emaús (Lc 24, 13-35) es una historia que empieza y termina *caminando*. Por un lado, está el viaje de ida de los discípulos que, entristecidos por la muerte de Jesús, abandonan Jerusalén y regresan a casa, a

Emaús, caminando unos once kilómetros. El viaje se realiza de día, con buena parte del trayecto cuesta abajo. Por otro, está el viaje de regreso: once kilómetros más, pero al anochecer, con parte del camino cuesta arriba después del esfuerzo del viaje de ida y de toda la jornada. Dos viajes: uno fácil de día y otro fatigoso de noche. A pesar de ello, el primero se realiza con tristeza y el segundo con alegría. En el primero, el Señor camina al lado de los discípulos, pero estos no lo reconocen; en el segundo ya no lo ven, pero lo sienten cerca. En el primero están desolados y desesperanzados; en el segundo corren a llevar la buena nueva del encuentro con Jesús resucitado.

La diferencia entre los dos caminos que recorrieron los primeros discípulos nos dice a los que hoy en día somos discípulos de Jesús que en la vida se abren ante nosotros dos direcciones opuestas: por un lado está el camino de los que, como los discípulos durante la ida, se dejan paralizar por las desilusiones de la vida y avanzan sumidos en la tristeza; por otro está el camino del que no se pone en primer lugar, ni a sí mismo ni a sus problemas, sino que hace prevalecer a Jesús, que nos visita, y a los hermanos que aguardan el encuentro con él, es decir, a los hermanos que esperan que cuidemos de ellos. En eso consiste el cambio: en dejar de orbitar alrededor del propio yo, de las decepciones pasadas, de los ideales frustrados, de las numerosas cosas malas que han podido sucedernos a lo largo de nuestra vida. En muchas ocasiones nos dedicamos a orbitar, orbitar... Debemos dejar atrás esa actitud y seguir adelante con la mirada puesta en la realidad más amplia y auténtica de la vida: *Jesús está vivo, Jesús me ama, y yo puedo hacer algo por los demás*. Esa es la realidad más grande. ¡Es una realidad hermosa, positiva, alegre! El cambio de sentido consiste en dejar de *pensar en uno mismo* y empezar a hacerlo en la *realidad de Dios*; pasar del «sí mismo» al «sí». Del «sí mismo» al «sí».

El Espíritu Santo hace maravillas

«Nacer de nuevo» (Jn 3, 7) es nacer con la fuerza del Espíritu Santo. No podemos aferrar al Espíritu Santo, solo podemos dejar que nos transforme. Nuestra docilidad le abre la puerta: es Él quien lleva a cabo la transformación, el cambio, el renacimiento desde lo alto. Es la promesa de Jesús de enviar al Espíritu Santo (Hch 1, 8). El Espíritu Santo es capaz de hacer maravillas, cosas que no alcanzamos a imaginar siquiera.

Un ejemplo es la primera comunidad cristiana de la que hablan los Hechos de los Apóstoles. Lo que se describe en ellos no es una fantasía: es un modelo, es aquello a lo que podemos llegar cuando dejamos entrar con docilidad al Espíritu Santo y aceptamos que nos transforme. Una comunidad «ideal», por decirlo de alguna forma. Es cierto que enseguida surgen problemas, pero el Señor nos muestra adónde podemos llegar si estamos abiertos al Espíritu Santo, si somos dóciles. En esta comunidad existe la armonía (Hch 4, 32-37). El Espíritu Santo es el maestro de la armonía, es capaz de crearla y ya lo ha hecho. También debe crearla en nuestro corazón, cambiar muchas cosas en nosotros, pero debe hacerlo: porque Él es la armonía. Y Él, con la armonía, crea cosas como esta primera comunidad cristiana. Es cierto que después la historia —al igual que los Hechos de los Apóstoles— nos cuenta que en el seno de esa comunidad surgieron muchos problemas. En realidad, se trata de un modelo: el Señor quiso que se realizase ese modelo de comunidad casi «celestial» para enseñarnos adónde debíamos dirigirnos.

Fuera de los espacios restringidos

«Sois la luz del mundo». La luz disipa la oscuridad y nos permite ver. Jesús es la luz que ha dispersado las tinieblas, pero estas siguen existiendo en el mundo y en las personas. El cristiano tiene la tarea de disiparlas haciendo resplandecer la luz de Cristo y anunciando su Evangelio. La irradiación puede producirse también a través de nuestras palabras, pero, por encima de todo, debe emanar de nuestras «buenas obras». Un discípulo y una comunidad cristiana son luz en el mundo cuando guían a sus semejantes hacia Dios, dando a conocer a todos su bondad y su misericordia. El discípulo de Jesús es luz cuando sabe vivir su fe fuera de los espacios restringidos, cuando contribuye a eliminar los prejuicios, las calumnias, y a hacer entrar la luz de la verdad en las situaciones viciadas por la hipocresía y la mentira. Dar luz. Pero no *mi* luz, sino la luz *de Jesús*: nosotros somos los instrumentos que hacen llegar a todos la luz de Jesús.

Sin Ti, la noche

«Si Él nos hubiera liberado, si Dios me hubiera escuchado, si la vida me hubiera ido como quería, si hubiera tenido esto o lo otro...», siempre en tono de queja. Estos «si» no son buenos, ni fecundos, no nos ayudan, tampoco a los demás. Recuerdan a los de los dos discípulos de Emaús (Lc 24, 13-35). Pero estos acabaron en el «sí»: «Sí, el Señor está vivo, camina con nosotros. Sí, ahora, no mañana, nos pondremos en camino para anunciarlo». «Sí, puedo hacer esto para que la gente sea más feliz, para que la gente mejore y para ayudar a mucha gente. Sí, sí, puedo». Del si al sí, de la queja a la alegría y la paz, porque cuando nos quejamos no estamos alegres, estamos grises, rodeados por el aire gris de la tristeza. Y esto no nos ayuda ni nos hace crecer bien.

¿Cómo se produjo en los discípulos este cambio de paso, del yo a Dios, del si al sí? *Encontrando a Jesús*: en un primer momento, los dos discípulos de Emaús le abren su corazón; después, lo escuchan mientras les explica las Escrituras; por último, lo invitan a su casa. Son tres pasos que también podemos dar en nuestras casas: en *primer* lugar, abrir el corazón a Jesús, confiarle nuestras preocupaciones, nuestros esfuerzos, las decepciones de la vida, confiarle los «si»; luego, *segundo* paso, escuchar a Jesús, coger el Evangelio, leer hoy mismo este pasaje, que se encuentra en el capítulo veinticuatro del evangelio de san Lucas; en *tercer* lugar, rezar a Jesús con las mismas palabras que lo hicieron sus discípulos: «Señor, "quédate con nosotros" (v. 29). Señor, quédate conmigo. Señor, quédate con todos nosotros, porque

Te necesitamos para encontrar el camino y sin Ti cae la noche».

Cristianos sin Pascua

Ciertos cristianos parecen tener una Cuaresma sin Pascua. Reconozco que la alegría no se vive de la misma manera en todas las etapas y circunstancias de la vida, tan dura en ocasiones. Ante eso nos adaptamos y nos transformamos y siempre queda al menos un resquicio de luz, que nace de la certeza personal de ser objeto de un amor infinito, incondicional. Comprendo a las personas proclives a la tristeza por las graves dificultades que deben padecer, pero, poco a poco, hay que permitir que la alegría de la fe empiece a avivarse, como una especie de confianza secreta, pero firme, incluso en medio de las peores angustias: «He perdido la paz, me he olvidado de la dicha. Hay algo que traigo a la memoria, por eso esperaré. Que no se agota la bondad del Señor, no se acaba su misericordia; se renuevan cada mañana, ¡qué grande es tu fidelidad! Es bueno esperar en silencio la salvación del Señor» (Lam 3, 17.21-23.26).

«Gracias» es una bonita oración

Todos somos portadores de alegría. ¿Has pensado en esto? ¿Has pensado que eres portador de alegría? ¿O prefieres dar malas noticias, contar cosas que entristecen? Todos somos ca-

paces de dar alegría. Esta vida es un regalo de Dios y es demasiado breve para consumirla sumidos en la tristeza y la amargura. Alabemos a Dios, contentos por el mero hecho de existir.
Miremos el universo, miremos la hermosura y también nuestras cruces y digamos: «Pero Tú existes, Tú nos has hecho así,
por Ti». Es necesario sentir la inquietud del corazón que nos
empuja a dar las gracias y a alabar a Dios. Somos los hijos del
gran Rey, del Creador, y somos capaces de leer su firma en
todo lo creado; la creación que hoy no estamos custodiando,
pero en la que está la firma de Dios, que la hizo por amor. Que
el Señor nos permita comprender esto cada vez con mayor
profundidad y nos incite a dar las gracias.

Porque «gracias» es una bonita oración.

La Iglesia, casa de consuelo

Dios nos consuela cuando estamos unidos, cuando existe comunión entre nosotros. En la Iglesia encontramos consuelo, es
la casa del consuelo: en ella, Dios desea consolar. Podemos preguntarnos: yo, que estoy en la Iglesia, ¿soy portador del consuelo de Dios? ¿Sé acoger al otro como huésped y a quienes
veo cansados y abatidos? Incluso en los momentos en que se
siente afligido y obcecado, el cristiano siempre está llamado a
infundir esperanza a quienes se resignan, a animar a quienes
han perdido la confianza, a llevar la luz de Jesús, el calor de
su presencia, el alivio de su perdón. Muchas personas sufren,
padecen pruebas e injusticias, viven en la inquietud. Necesitan la unción del corazón, del consuelo del Señor que, si bien

no borra los problemas, confiere la fuerza del amor que alivia la aflicción.

No dejar de sorprenderse

Un aspecto fundamental de Pentecostés es la *sorpresa*. Sabemos que nuestro Dios es el Dios de las sorpresas. Nadie esperaba ya nada de los discípulos: tras la muerte de Jesús se habían convertido en un grupo insignificante, el grupo de derrotados huérfanos de su Maestro. Pero, de repente, se produce un acontecimiento inesperado y asombroso: la gente se queda sorprendida al oír hablar a los discípulos en su propia lengua, contando las grandes obras de Dios (Hch 2, 6-7.11). La Iglesia que nace en Pentecostés es una comunidad que suscita estupor porque, con la fuerza que le concede Dios, anuncia un nuevo mensaje —la resurrección de Cristo— con un nuevo lenguaje: el lenguaje universal del amor. Los discípulos reciben el poder desde lo alto y hablan con arrojo, cuando, pocos minutos antes, estaban acobardados. En cambio, ahora hablan con valor y franqueza, con la libertad del Espíritu Santo.

La Iglesia está llamada a ser siempre así: a ser capaz de sorprender anunciando a todos que Jesucristo ha vencido a la muerte, que los brazos de Dios están siempre abiertos, que siempre nos aguarda con paciencia para sanarnos, para perdonarnos. Para poder llevar a cabo esta misión, Jesucristo resucitado donó su Espíritu a la Iglesia.

Pero cuidado: si la Iglesia está viva, debe sorprender en

todo momento. Sorprender es propio de la Iglesia viva. Una Iglesia que no tenga la capacidad de sorprender es una Iglesia débil, enferma, moribunda, ¡y hay que ingresarla cuanto antes en reanimación!

Componentes vitales

Dios cuenta con un numeroso pueblo de abuelos en todo el mundo. En la actualidad, en las sociedades secularizadas de muchos países, la mayoría de las padres no tienen esa formación cristiana ni esa fe viva que, en cambio, los abuelos sí pueden transmitir a sus nietos. Ellos son el eslabón indispensable para educar en la fe a los más pequeños y a los jóvenes. Tenemos que acostumbrarnos a incluirlos en nuestros horizontes pastorales y a considerarlos, de forma no esporádica, uno de los componentes vitales de nuestra comunidad. Además de ser personas a las que debemos asistir y proteger para custodiar su vida, pueden ser actores de una pastoral evangelizadora, testigos privilegiados del amor fiel de Dios.

Un «catálogo» de enfermedades

Creo que nos puede venir bien elaborar un catálogo de enfermedades espirituales similar a los que hacían los Padres del desierto:

1. *La enfermedad de sentirse «inmortal», «inmune» o incluso «indispensable»,* descuidando los controles necesarios y habituales. Una curia que no hace autocrítica, que no se actualiza y no trata de mejorar es un cuerpo enfermo. ¡En cualquier visita a un cementerio podemos ver los nombres de muchas personas que quizá se creyeron inmortales, inmunes e indispensables! Es la enfermedad del rico necio del Evangelio que pensaba que podía vivir eternamente (Lc 12, 13-21) y también la de aquellos que se transforman en amos y se sienten superiores a todos, en lugar de vivir al servicio de los demás. Esta enfermedad suele derivar de la patología del poder, del «complejo de los elegidos», del narcisismo que contempla con pasión su propia imagen sin ver la imagen de Dios impresa en la cara de los demás, especialmente en la de los más débiles y necesitados. El antídoto contra esta epidemia es la gracia de sentirnos pecadores y de decir con todo nuestro corazón: «Somos siervos inútiles, hemos hecho lo que teníamos que hacer» (Lc 17, 10).

2. *La enfermedad del «martalismo» (que proviene de Marta), del exceso de laboriosidad,* esto es, la de aquellos que se sumergen en el trabajo e inevitablemente descuidan «lo mejor», que consiste en sentarse a los pies de Jesús. Por eso Jesús dijo a sus discípulos que «descansaran un poco» (Mc 6, 31), porque descuidar el necesario descanso genera estrés y agitación. Es imprescindible que el que ha finalizado su misión descanse y que lo

haga seriamente pasando un poco de tiempo con su familia y respetando las vacaciones como momentos de recuperación espiritual y física. Es necesario aprender lo que nos enseña el Eclesiastés, que dice: «Todo tiene su momento, y cada cosa su tiempo» (Ece 3, 1).

3. Existe también la *enfermedad de la «petrificación» mental y espiritual,* es decir, la de aquellos que poseen un corazón de piedra y la «cabeza dura»; la de aquellos que en el camino pierden la serenidad interior, la vivacidad y la audacia, y se sumergen en los papeles convirtiéndose en «máquinas de tramitar expedientes», en lugar de «hombres de Dios». ¡Es peligroso perder la sensibilidad humana necesaria para llorar con los que lloran y alegrarse con los que se alegran! Es la enfermedad de los que pierden «los sentimientos de Jesús», porque, con el paso del tiempo, su corazón se endurece y se vuelve incapaz de amar de forma incondicional al Padre y al prójimo. De hecho, ser cristiano significa: «Tened entre vosotros los sentimientos propios de Cristo Jesús» (Flp 2, 5), unos sentimientos de humildad y dadivosidad, de desapego y generosidad.

4. *La enfermedad del exceso de planificación y funcionalismo,* cuando el apóstol planifica todo de forma minuciosa y cree que programando perfectamente las cosas estas progresan de verdad, a tal punto que se convierte en contable o asesor fiscal. Es necesario preparar todo bien, pero sin caer nunca en la tentación de querer

aprisionar y dirigir la libertad del Espíritu Santo, que siempre es mayor, más generosa que cualquier planificación humana. Esta enfermedad se contrae porque siempre es más fácil y cómodo adaptarse a las propias posiciones estáticas e inmutables. En realidad, la Iglesia se muestra fiel al Espíritu Santo en la medida en que no tiene la pretensión de regularlo ni domesticarlo —¡domesticar al Espíritu Santo!—. Él es frescura, fantasía, novedad.

5. *La enfermedad de la mala coordinación.* Aparece cuando los miembros dejan de estar en comunión entre ellos y el cuerpo pierde su armoniosa funcionalidad y su templanza, de forma que se convierte en una orquesta ruidosa, porque sus miembros no colaboran ni viven el espíritu de comunión y equipo. Sucede cuando el pie le dice al brazo: «No te necesito», o la mano a la cabeza: «Yo soy la que manda», causando el consiguiente malestar y escándalo.

6. Existe también *la enfermedad del «alzhéimer espiritual»*, que consiste en olvidar la propia historia de salvación, la historia personal que compartimos con el Señor, el «primer amor». Se trata de una decadencia progresiva de las facultades espirituales que en un intervalo más o menos largo de tiempo causa graves minusvalías a la persona, la incapacita para desempeñar actividades de forma autónoma, la hace vivir un estado de absoluta dependencia de sus visiones, con frecuencia imagina-

rias. Lo percibimos en aquellos que ya no recuerdan su encuentro con el Señor; en los que no tienen el sentido «deuteronómico» de la vida; en los que están totalmente supeditados al presente, a las pasiones, a los caprichos y manías; en los que construyen muros y costumbres a su alrededor y se van convirtiendo poco a poco en esclavos de los ídolos que esculpen con sus manos.

7. *La enfermedad de la rivalidad y la vanagloria.* Se produce cuando la apariencia, los colores de los ropajes y las insignias honoríficas son el principal objetivo de la vida y se olvidan las palabras de san Pablo: «No obréis por rivalidad ni por ostentación, considerando por la humildad a los demás superiores a vosotros. No os encerréis en vuestros intereses, sino buscad todos el interés de los demás» (Flp 2, 3-4). Es la enfermedad que nos lleva a ser hombres y mujeres falaces y a vivir un falso misticismo y un falso «quietismo». El mismo san Pablo los define como «enemigos de la cruz de Cristo», porque «su gloria son sus vergüenzas; solo aspiran a cosas terrenas» (Flp 3, 18.19).

8. *La enfermedad de la esquizofrenia existencial.* Es la enfermedad de los que viven una doble vida, fruto de la hipocresía típica del mediocre y del progresivo vacío espiritual que los diplomas o los títulos académicos no pueden colmar. Se trata de una enfermedad que con frecuencia afecta a aquellos que, abandonando el ser-

vicio pastoral, se concentran exclusivamente en los asuntos burocráticos y pierden así el contacto con la realidad, con las personas de carne y hueso. Se crean un mundo paralelo, donde desechan todo lo que enseñan con severidad a los demás y emprenden una vida oculta y, con frecuencia, disoluta. Si se detecta esta gravísima enfermedad es urgente e indispensable la conversión.

9. *La enfermedad del chismorreo, las murmuraciones y el cotilleo.* De esta enfermedad he hablado ya en muchas ocasiones, pero nunca lo suficiente. Es una enfermedad grave, que comienza de forma sencilla, quizá charlando sin más, pero que poco a poco se va adueñando de la persona y la convierte en «sembradora de cizaña» (como Satanás), y, en muchos casos, en «asesina a sangre fría» de la reputación de sus compañeros y hermanos. Es la enfermedad de las personas cobardes que, al no tener el valor de decir las cosas a la cara, lo hacen a espaldas de sus semejantes. San Pablo nos advierte: «Cualquier cosa que hagáis sea sin protestas ni discusiones, así seréis irreprochables y sencillos» (Flp 2, 14-15). ¡Hermanos, guardémonos del terrorismo de las murmuraciones!

10. *La enfermedad de divinizar a los jefes.* Es la enfermedad de los que cortejan a los superiores con la esperanza de obtener su benevolencia. Son víctimas de la carrera y el oportunismo, honran a las personas, pero no a Dios.

Son personas que viven el servicio pensando únicamente en lo que pretenden obtener, en lugar de en
aquello que deben dar. Son personas mezquinas, in-
felices, movidas exclusivamente por su fatal egoísmo.
Esta enfermedad puede afectar también a los superiores cuando cortejan a algunos de sus colaboradores
para obtener su sumisión, su lealtad y su dependencia psicológica, pero el resultado final es una auténtica complicidad.

11. *La enfermedad de la indiferencia hacia los demás.* Cuando
solo pensamos en nosotros mismos y perdemos la sinceridad y el calor propios de las relaciones humanas.
Cuando el más experto no pone su conocimiento al
servicio de sus compañeros menos expertos. Cuando
nos enteramos de algo y no lo comunicamos de forma
positiva a los demás. Cuando, por celos o astucia, nos
alegramos de ver caer a otro en lugar de levantarlo y
animarlo.

12. *La enfermedad de la cara de funeral,* es decir, la de las
personas ariscas y hoscas que consideran que la serie-
dad implica adoptar un semblante melancólico y seve-
ro, y tratar a los demás —sobre todo a los que consideran inferiores— con rigidez, dureza y arrogancia. En
realidad, la severidad teatral y el pesimismo estéril son
a menudo síntomas de miedo e inseguridad en uno
mismo. El apóstol debe esforzarse por ser una persona
cortés, serena, entusiasta y risueña que transmite ale-

gría allí donde va. Un corazón lleno de Dios es un corazón feliz que irradia y contagia la alegría a todos los
que lo rodean. ¡Se ve enseguida! Así pues, no perdamos el espíritu jovial, lleno de humor e incluso capaz
de reírse de sí mismo, que nos convierte en personas
amables incluso en las situaciones difíciles. ¡Qué bien
nos sienta una buena dosis de sano sentido del humor!
Nos ayudará mucho recitar con frecuencia la oración
de santo Tomás Moro: yo la rezo todos los días, me
conforta.

13. *La enfermedad de acumular,* cuando el apóstol trata de
colmar el vacío existencial que siente en su corazón
acumulando bienes materiales, no por necesidad, sino
solo para sentirse seguro. Lo cierto es que al final no
podremos llevarnos con nosotros nada material, porque «el sudario no tiene bolsillos», y todos nuestros
tesoros terrenales —incluso los regalos— jamás logra-
rán henchir el vacío, al contrario, solo contribuirán a
que este sea cada vez más exigente y profundo. A estas
personas el Señor les repite: «Tú dices: soy rico, me he
enriquecido, no necesito nada. Pero no sabes que eres
infeliz, miserable, pobre, ciego, que estás desnudo. Así
pues, sé diligente y conviértete». ¡La acumulación solo
aumenta el peso que soportamos y frena nuestro caminar de manera inexorable! Me viene a la mente una
anécdota: hace tiempo, los jesuitas españoles descri-
bían a la Compañía de Jesús como la «caballería ligera
de la Iglesia». Recuerdo la mudanza de un joven jesui-

ta que, mientras cargaba en un camión sus numerosas pertenencias (maletas, libros, objetos y regalos), oyó decir a un viejo jesuita que lo estaba observando con una sonrisa sabia en los labios: «¿De manera que esta es la caballería ligera de la Iglesia?». Nuestras mudanzas son síntoma de esta enfermedad.

14. *La enfermedad de los círculos cerrados,* que se da cuando la pertenencia a un pequeño grupo es más importante que la pertenencia al Cuerpo y, en algunos casos, al mismo Cristo. También esta enfermedad va acompañada al principio de buenas intenciones, pero con el pasar del tiempo esclaviza a sus víctimas y se transforma en un cáncer que amenaza la armonía del Cuerpo y causa un gran daño —escándalos—, especialmente a nuestros hermanos más pequeños. La autodestrucción o el «fuego amigo» de los conmilitones es el peligro más solapado. Es el mal que golpea desde dentro; y, como dice Cristo: «Todo reino dividido contra sí mismo va a la ruina» (Lc 11, 17).

15. Por último, *la enfermedad del beneficio mundano, del exhibicionismo,* esto es, cuando el apóstol transforma su servicio en poder y su poder en mercancía para obtener beneficios mundanos o acrecentarlo aún más. Es la enfermedad de las personas que, de manera insaciable, intentan multiplicar su supremacía y con ese fin son capaces de calumniar, difamar y desacreditar a los demás, incluso en los periódicos y las revistas. Natural-

mente, para exhibirse y mostrarse más capaces que sus semejantes. También esta enfermedad causa un gran daño al Cuerpo, porque incita a las personas a justificar el uso de cualquier medio para alcanzar dicho objetivo, ¡con frecuencia en nombre de la justicia y la transparencia! Me viene a la mente un sacerdote que llamaba a los periodistas para contarles —inventándoselas incluso— cosas privadas y reservadas de sus compañeros y parroquianos. Lo único que le importaba era salir en las primeras páginas de los diarios, porque así se sentía poderoso y triunfador, sin importarle el daño que causaba con ello a los demás y a la Iglesia. ¡Pobre!

Hermanos, las enfermedades y tentaciones que acabo de describir constituyen un peligro para cualquier cristiano, para cualquier curia, comunidad, congregación, parroquia y movimiento eclesial, y pueden afectarnos tanto de forma individual como comunitaria.

¡No seáis muñecas vacías!

¿Cómo pueden los jóvenes dar cabida a Dios en una sociedad frenética y exclusivamente focalizada en la competitividad y la productividad? Es frecuente ver personas, comunidades o incluso sociedades enteras altamente desarrolladas en apariencia, pero con una vida interior pobre y restringida, con el alma y la vitalidad apagadas, como muñecas vacías. Todo les resulta aburrido. Ciertos jóvenes han dejado de soñar. Un joven que no sueña, que no concede espacio al sueño para hacer entrar a Dios y los deseos y para ser fecundo en la vida, es algo terrible. Existen hombres y mujeres que ya no saben reír, que no juegan, que no conocen el sentido del asombro y la sorpresa. Hombres y mujeres que viven como zombis, porque su corazón ha dejado de latir. ¿Por qué? Porque no son capaces de celebrar la vida con los demás. Escuchad esto: seréis felices y fecundos si conserváis la capacidad de festejar la vida con los demás. ¡Cuánta gente en el mundo es materialmente rica, pero vive esclava de una soledad inigualable! Pienso en la soledad que experimentan muchas personas, tanto jóvenes como adultas, en nuestras sociedades prósperas pero, con frecuencia, anónimas. La madre Teresa, que trabajaba entre los más pobres de los pobres, dijo algo profético, maravilloso: «La pobreza más terrible es estar solo y no sentirse amado».

La alegría que mana de la compasión

La Iglesia aprecia la acción divina en las demás religiones y «no rechaza nada de lo que es verdadero y santo en ellas. Siente un sincero respeto por esas maneras de actuar y vivir, por los preceptos y las doctrinas que a menudo reflejan un rayo de la verdad que ilumina a todos los hombres». No obstante, como cristianos no podemos ocultar que «si la música del Evangelio deja de vibrar en nuestras entrañas perderemos la alegría que mana de la compasión, la ternura que nace de la confianza, la capacidad de la reconciliación que encuentra su fuente en saber que siempre seremos perdonados-enviados. Si la música del Evangelio deja de sonar en nuestras casas, en nuestras plazas, en nuestros lugares de trabajo, en la política y la economía, habremos apagado la melodía que nos incitaba a luchar por la dignidad de cualquier hombre o mujer». Otros beben de otras fuentes. En nuestro caso, la fuente de la dignidad humana y la fraternidad está en el Evangelio de Jesucristo. De él «deriva para el pensamiento cristiano y para la acción de la Iglesia la primacía que se concede a la relación, al encuentro con el misterio sagrado del otro, la comunión universal con toda la humanidad como vocación de todos».

IV

Lo que nos libera de la tristeza

En un torbellino de pensamientos

El patriarca Jacob, después de haber hecho cruzar el torrente a toda su gente y a todos los animales —que eran numerosos—, permanece solo en la orilla extranjera y piensa en lo que le depara el futuro. En la actitud que adoptará su hermano Esaú, al que ha robado la primogenitura. La mente de Jacob es un torbellino de pensamientos... Y, mientras anochece, un desconocido lo agarra de repente y empieza a pelear con él. El catecismo explica: «La tradición espiritual de la Iglesia ha visto en este relato el símbolo de la oración como combate de la fe y victoria de la perseverancia».

Jacob combate durante toda la noche, sin soltar jamás a su adversario. Al final es vencido, su rival le golpea el nervio ciático, dejándolo cojo para toda la vida. El misterioso luchador pregunta al patriarca cómo se llama y luego le dice: «Ya no te llamarás Jacob, sino Israel, porque has luchado con Dios y con los hombres, y has vencido» (Gén 32, 29). Le cambia el nombre, le cambia la vida, le cambia la actitud. A continuación,

Jacob le pregunta también: «Dime tu nombre». El otro no se lo revela, pero lo bendice. En ese instante, Jacob comprende que ha visto a Dios «cara a cara» (vv. 32, 30-31).

Luchar contra Dios es una metáfora de la oración. En otras ocasiones Jacob se había mostrado capaz de dialogar con Dios, de sentirlo como una presencia amiga y cercana. Pero esa noche, después de un largo combate en el que casi cae vencido, el patriarca sale transformado. Cambia de nombre, cambia de manera de vivir y cambia de personalidad: sale transformado. Por una vez deja de ser dueño de la situación —no le sirve la astucia— y no se muestra como un hombre estratega y calculador; Dios lo devuelve a su verdad de mortal que tiembla y tiene miedo, porque Jacob tenía miedo mientras peleaba. Por una vez, Jacob solo puede presentar a Dios su fragilidad e impotencia, además de sus pecados. Y es este Jacob el que recibe la bendición de Dios y entra cojeando en la tierra prometida: un hombre vulnerable y vulnerado, pero con un corazón nuevo.

Antes de eso, Jacob era un hombre seguro de sí mismo, confiaba en su sagacidad. Era un hombre impermeable a la gracia, insensible a la misericordia; no sabía lo que era la clemencia y pensaba que no la necesitaba. «¡Aquí estoy yo, aquí mando yo!». Pero Dios salvó lo que se había perdido. Le hizo comprender sus limitaciones, que era un pecador necesitado de misericordia y así lo salvó.

El desierto y las semillas del bien

Cuántas veces da la impresión de que las semillas del bien y de la esperanza que tratamos de sembrar quedan sofocadas por las zarzas del egoísmo, de las hostilidades y de la injusticia, no solo a nuestro alrededor, sino también en nuestros corazones. Nos sentimos turbados por la creciente diferencia que existe entre ricos y pobres en nuestras sociedades. Vislumbramos señales de idolatría de la riqueza, del poder y el placer que se obtienen con un coste muy elevado para la vida de los hombres. Muchos de nuestros amigos y coetáneos padecen pobreza espiritual, soledad y una silenciosa desesperación, a pesar de gozar de una gran prosperidad material. Casi da la impresión de que Dios ha desaparecido en este horizonte. Es como si un desierto espiritual se estuviera extendiendo por todo el mundo. Azota también a los jóvenes, robándoles la esperanza y, en demasiados casos, incluso la vida. Sea como sea, este es el mundo donde estáis llamados a caminar para dar testimonio del Evangelio de la esperanza, del Evangelio de Jesucristo y la promesa de su Reino.

Lo que nos libera de la tristeza

¡Servirnos los unos a los otros, servirnos! El Señor nos libera así de las ambiciones y las rivalidades que minan la unidad de la comunión. Nos libera de la desconfianza, de la tristeza; una tristeza que es peligrosa, porque nos abate; ¡es peligrosa, tened cuidado! Nos libera del miedo, del vacío interior, del aislamiento, de los remordimientos, de las quejas. Ni siquiera nuestras comunidades se salvan de las actitudes negativas, de las personas cuya única referencia son ellas mismas, más preocupadas por defenderse que por entregarse. Pero Cristo nos libera de esa mediocridad existencial: «Tú eres mi auxilio y mi liberación», reza el salmo cuarenta (v. 18). Por eso los discípulos, nosotros, discípulos del Señor, a pesar de que nunca dejaremos de ser débiles y pecadores —¡todos lo somos!—, estamos llamados a vivir con alegría y valor nuestra fe, la comunión con Dios y con nuestros hermanos, la adoración a Dios, y a afrontar con fortaleza las fatigas y las pruebas de la vida.

Dentro de nuestras luchas

Dios es el que toma la iniciativa y decide introducirse, como hizo con María, en nuestras casas y en nuestras peleas cotidianas, tan llenas de ansiedad y a la vez de deseos. Y es justo en el interior de nuestras ciudades, de nuestras escuelas y universidades, de las plazas y de los hospitales, donde tiene lugar el anuncio más hermoso que podamos escuchar: «¡Alégrate, el Señor está contigo!». Se trata de una alegría que es fuente de vida, de esperanza, que se hace carne en la manera en que miramos al futuro, en la actitud con la que miramos a los demás. Es una alegría que se convierte en solidaridad, hospitalidad y misericordia hacia todos.

Combate permanente

La vida cristiana es un combate permanente. Resistir a las tentaciones del diablo y anunciar el Evangelio requiere fuerza y valor. Pero esta lucha es muy hermosa, porque nos permite festejar cada vez que el Señor triunfa en nuestra vida.

Raíces fuertes para no salir volando

A veces he visto árboles jóvenes, hermosos, con las ramas apuntando al cielo, desplegándose cada vez más alto, como un canto de esperanza. Luego, después de una tormenta, me los he encontrado caídos, sin vida, porque extendieron sus ramas sin echar raíces profundas en la tierra y no pudieron resistir el asalto de la naturaleza. Por eso me duele ver cómo algunos proponen a los jóvenes que construyan un futuro sin raíces, como si el mundo empezara aquí y ahora. Porque es imposible que uno crezca sin raíces fuertes que lo ayuden a mantenerse en pie, pegado a la tierra. Es fácil «salir volando» cuando uno no tiene donde agarrarse, donde sujetarse.

Vivir con audacia

La santidad es *parresia*: es audacia, es impulso evangelizador que deja una huella en este mundo. Para que esto sea posible, Jesús nos sale al encuentro y nos repite con serenidad y firmeza: «No tengáis miedo» (Mc 6, 50). «Yo estoy con vosotros todos los días, hasta el final de los tiempos» (Mt 28, 20). Estas palabras nos permiten caminar y servir con la actitud valerosa que el Espíritu Santo instiló en los apóstoles cuando los invitó a anunciar a Jesucristo. Audacia, entusiasmo, libertad al hablar, fervor apostólico, el vocablo *parresia* incluye todo esto, es una palabra con la que la Biblia expresa también la libertad de una existencia abierta, a disposición de Dios y de nuestros hermanos.

Personas que mueven montañas

También nosotros, como los apóstoles, decimos al Señor Jesús: «¡Acrecienta nuestra fe!». Sí, Señor, nuestra fe es pequeña, es débil y frágil, pero te la ofrecemos tal y como es para que Tú la hagas crecer. ¿Y qué nos responde el Señor? «Si tuvierais fe como un granito de mostaza, diríais a esa morera: "Arráncate de raíz y plántate en el mar", y os obedecería» (Lc 17, 6). La semilla de mostaza es minúscula, pero Jesús afirma que es suficiente tener una fe así, pequeña pero auténtica y sincera, para hacer cosas humanamente imposibles, inconcebibles. ¡Y es cierto! Todos conocemos personas sencillas, modestas, pero con una fe inmensa, ¡realmente capaces de mover montañas! Pensemos, por ejemplo, en las madres y los padres que afrontan situaciones muy penosas o en ciertos enfermos, incluso en estado muy grave, que transmiten serenidad a aquellos que los visitan. Debido precisamente a la fe que tienen, estas personas no se jactan de lo que hacen, al contrario, al igual que Jesús en el Evangelio, dicen: «Somos siervos inútiles, hemos hecho lo que teníamos que hacer» (Lc 17, 10). ¡Cuántos entre nosotros tienen esta fe fuerte y humilde, que nos hace tanto bien!

Jamás darse por vencido

Una de las tentaciones más serias que sofocan el fervor y la audacia es el sentimiento de derrota, que nos convierte en unas personas pesimistas, descontentas y desencantadas, con el semblante sombrío. Nadie puede emprender una batalla sin confiar plenamente en el triunfo. Quien empieza sin confianza ha perdido de antemano medio combate y entierra sus talentos. Incluso con la dolorosa conciencia de las propias fragilidades, es necesario seguir adelante sin darse por vencidos y recordar lo que el Señor dijo a san Pablo: «Te basta mi gracia: la fuerza se realiza en la debilidad» (2 Cor 12, 9). El triunfo cristiano siempre es una cruz, pero una cruz que es a la vez un estandarte victorioso que se porta con ternura combativa en los asaltos del mal. El pérfido espíritu de la derrota es hermano de la tentación de separar antes de tiempo el grano de la cizaña, fruto de una desconfianza ansiosa y egocéntrica.

Una luz que no declina

También en nuestra vida hay diferentes estrellas, luces que brillan y nos orientan. A nosotros nos corresponde decidir cuáles queremos seguir. Por ejemplo, hay *luces intermitentes*, que van y vienen, como las pequeñas satisfacciones de la vida: por buenas que sean, no son suficientes, porque duran poco y no nos dan la paz que buscamos. También están las *luces deslumbrantes* de las candilejas, del dinero y el éxito, que prometen todo y enseguida: son cautivadoras, pero su intensidad nos ciega y nos hacen pasar de los sueños de gloria a la más profunda oscuridad. Los Reyes Magos, en cambio, nos invitan a seguir *una luz estable, una luz amable*, que no declina, porque no es de este mundo: viene del cielo y resplandece. ¿Dónde? En el corazón.

Esta luz verdadera es la luz del Señor, mejor dicho, es el

Señor. Él es nuestra luz, una luz que no deslumbra, sino que acompaña y regala una alegría única.

Ser auténticamente libres

Dada la presión de los acontecimientos y las modas, jamás lograremos encontrar solos el camino correcto y, si lo encontramos, jamás tendremos la fuerza suficiente para perseverar, para afrontar las dificultades y obstáculos imprevistos. En este sentido, es pertinente la invitación de nuestro Señor Jesús: «Si quieres, sígueme». Cristo se ofrece a acompañarnos en el camino, no para aprovecharse de nosotros y convertirnos en sus esclavos, sino para liberarnos. Es así. Solo *en compañía de Jesús*, rezándole y siguiéndolo, podemos tener una visión clara y la fuerza necesaria para sacarla adelante. Él nos ama de manera definitiva, nos ha elegido de manera definitiva y se ha dado de manera definitiva a cada uno de nosotros. Es nuestro defensor y nuestro hermano mayor y será nuestro único juez. Qué bonito es poder afrontar las distintas vicisitudes de la vida en compañía de Jesús, ¡poder contar con su persona y con su mensaje! Él no nos priva de autonomía ni de libertad; al contrario, al robustecer nuestra fragilidad, nos permite ser auténticamente libres, libres de hacer el bien, fuertes para poder seguir haciéndolo, capaces de perdonar y de pedir perdón. ¡Este es el Jesús que nos acompaña, así es el Señor!

Carestía de esperanza

En la actualidad vivimos una trágica carestía de esperanza. ¡Cuántas heridas, cuántos vacíos sin colmar, cuánto dolor sin consuelo! Seamos intérpretes del consuelo del Espíritu, transmitamos la esperanza y el Señor abrirá nuevas vías en nuestro camino.

Quiero compartir algo sobre nuestro quehacer. Cuánto me gustaría que, como cristianos, atestiguáramos aún más misericordia para la humanidad sometida a dura prueba y lo hiciéramos aún más juntos. Pidamos al Espíritu el don de la unidad, porque solo podremos difundir la fraternidad si vivimos como hermanos. No podemos pedir a la humanidad que permanezca unida si nosotros seguimos diferentes caminos. Así pues, recemos los unos por los otros, sintámonos responsables los unos de los otros.

Arrojados en brazos de Dios

Dios te ama. Si ya lo has oído antes, da igual, quiero recordártelo: Dios te ama. No lo dudes nunca, sin importar lo que te suceda en esta vida. Sean cuales sean las circunstancias, eres destinatario de un amor infinito.

Quizá la experiencia de la paternidad que viviste no fuera la mejor, tal vez tu padre terrenal fue una persona distante y ausente o, por el contrario, dominante y posesivo; o, simplemente, no fue el padre que necesitabas. No lo sé. Lo que sí puedo decirte con certeza es que puedes arrojarte con total seguridad en brazos de tu Padre divino, de ese Dios que te ha dado la vida y que te la dará siempre. Él te sostendrá con firmeza y, al mismo tiempo, sentirás que respeta por completo tu libertad.

Eres algo muy valioso para Él, no eres insignificante, eres importante.

Fortaleza es no desanimarse

Debemos ser fuertes en la cotidianidad, necesitamos esa fortaleza para poder sacar adelante nuestra vida, nuestra familia, nuestra fe. El apóstol Pablo lo dijo en una frase que nos ayudará oír: «Todo lo puedo en aquel que me conforta» (Flp 4, 13). Recordémoslo cuando nos enfrentemos a la vida cotidiana, cuando surjan las dificultades: «Todo lo puedo en aquel que me conforta». El Señor siempre nos da la fuerza, nunca nos priva de ella. El Señor nunca nos hace padecer nada que no podamos soportar. Siempre está con nosotros. «Todo lo puedo en aquel que me conforta».

A veces podemos sentirnos tentados de dejarnos llevar por la pereza o, peor aún, por el desaliento, sobre todo frente a las fatigas y las pruebas a las que nos somete la vida. En esos casos no debemos desanimarnos, sino invocar al Espíritu Santo para que con el don de la fortaleza anime nuestro corazón y transmita nueva fuerza y entusiasmo a nuestra vida y a nuestra fe en Jesús.

Quien quiere la luz sale

Quien quiere la luz sale y busca: no se queda encerrado, ni parado, mirando lo que sucede a su alrededor, sino que arriesga su vida, sale de sí mismo. La vida cristiana es un *camino continuo* de esperanza y de búsqueda; un camino que, como el de los Reyes Magos, prosigue incluso cuando la estrella desaparece momentáneamente de la vista. Ese camino también está lleno de insidias que deben evitarse: el chismorreo superficial y mundano, que frena el paso; los caprichos paralizantes del egoísmo; los agujeros del pesimismo, que aprisiona la esperanza.

Quitar las piedras

También hoy Jesús nos repite: «Quitad la piedra». Dios no nos ha creado para la tumba, sino para la vida, que es hermosa, buena y alegre. «Mas por envidia del diablo entró la muerte en el mundo» (Sab 2, 24), dice el libro de la Sabiduría, y Jesucristo ha venido a liberarnos de sus engaños.

Así pues, estamos llamados a quitar las piedras de todo lo que huele a muerte: por ejemplo, la hipocresía con la que se vive la fe es muerte; la crítica destructiva de los demás es muerte; la ofensa y la calumnia son muerte; la marginación del pobre son muerte. El Señor nos pide que quitemos estas piedras del corazón, y la vida volverá a florecer a nuestro alrededor. Cristo vive y quien lo acoge y se une a Él entra en contacto con la vida. Sin Cristo, o fuera de Él, no solo no hay vida, sino que recaemos en en la muerte.

El tiempo del valor

¡Hoy es tiempo de valor! Valor para reforzar los pasos vacilantes, para recuperar el gusto de entregarse por el Evangelio, para recuperar la confianza en la fuerza que la misión trae consigo. Es tiempo de valor, a pesar de que el valor no garantiza el éxito. Se nos pide valor para luchar, no necesariamente para triunfar; para anunciar, no necesariamente para convertir. Se nos pide valor para ser una alternativa al mundo, sin ser polémicos ni agresivos. Se nos pide valor para abrirnos a todos, sin menguar en ningún momento el carácter absoluto y único de Cristo, el único salvador. Se nos pide valor para resistir a la incredulidad, sin ser arrogantes. Se nos pide también el valor del publicano del Evangelio, que con humildad no se atrevía siquiera a alzar los ojos al cielo y se golpeaba el pecho diciendo: «¡Dios, ten piedad de mí, pecador!». ¡Hoy es tiempo de valor! ¡Hoy se necesita valor!

La vergüenza es buena

También la vergüenza es buena, es saludable tener un poco de vergüenza, avergonzarse es sano. Cuando una persona no tiene vergüenza, en mi país decimos que es un «sin-vergüenza». Pero la vergüenza también es buena, porque nos hace más humildes, y el sacerdote recibe con amor y ternura la confesión y perdona en nombre de Dios. También desde un punto de vista humano es bueno para desahogarse contar al sacerdote los propios pecados, que tanto pesan en el corazón. De esa forma, sentimos que nos sinceramos con Dios, con la Iglesia y con nuestro hermano. ¡No tengas miedo de la confesión! Cuando hacemos cola para confesarnos experimentamos todas estas cosas, también vergüenza, pero después, al terminar, nos sentimos libres, grandes, hermosos, perdonados, puros, felices. ¡Esa es la belleza de la confesión! Me gustaría preguntaros: ¿cuándo fue la última vez que os confesasteis? Pensadlo. ¿Hace dos días, dos semanas, dos años, veinte años, cuarenta años? Si de verdad ha pasado tanto tiempo, no perdáis un día más, id, el sacerdote será bueno. Jesús está allí y Jesús es más bueno que los sacerdotes, Jesús os recibe, os acoge con infinito amor. ¡Sed valientes e id a confesaros!

El que arriesga no pierde

El Señor no decepciona al que arriesga y, cuando alguien da un paso hacia Jesús, descubre que Él lo está esperando con los brazos abiertos. Es el momento para decir a Jesucristo: «Señor, me he dejado engañar, he escapado de tu amor de mil maneras, pero aquí estoy de nuevo para renovar mi alianza contigo. Te necesito. Rescátame de nuevo, Señor, acéptame una vez más entre tus brazos redentores». ¡Cuánto bien nos hace regresar a Él cuando nos perdemos!

La oración siembra vida

Recuerdo la historia de un hombre, de un jefe de gobierno importante de una época ya pasada. Era un ateo que no tenía sentido religioso, pero de niño había oído rezar a su abuela y eso se le había quedado grabado en el corazón. Más tarde, en un momento difícil de su vida, el recuerdo regresó y se dijo: «Pero la abuela rezaba...». Así pues, empezó a recitar las oraciones de su abuela y encontró a Jesús. La oración siempre es una cadena de vida: la oración de muchos hombres y mujeres siembra vida. La oración, la pequeña oración, siembra vida: por eso es tan importante enseñar a rezar a los niños. Me duele cuando veo niños que no saben hacerse la señal de la cruz. Es necesario enseñarles a hacer bien la señal de la cruz, porque esa es la primera oración. Es importante que los niños aprendan a rezar. Después, quizá lo olviden, tomen otro camino, pero las primeras oraciones que se aprenden en la infancia permanecen en el corazón, porque son una semilla de vida, la semilla del diálogo con Dios.

Saber ver con el corazón

Jesús tenía amigos. Los quería a todos, pero, como sucede a menudo, con algunos de ellos mantenía una relación especial, más afectuosa, de mayor confianza. Y en muchas ocasiones se detenía en casa de esos hermanos: Lázaro, Marta, María...

Jesús se apenó por la enfermedad y la muerte de su amigo Lázaro. Al llegar al sepulcro, se conmovió profundamente y, presa de una gran turbación, preguntó: «¿Dónde lo habéis enterrado?» (Jn 11, 34). Y se echó a llorar. Jesús, Dios pero también hombre, lloró. En otra ocasión, el Evangelio nos vuelve a hablar del llanto de Jesús, esta vez por Jerusalén (Lc 19,

41-42). ¡Con cuánta ternura llora Jesús! Llora con el corazón, llora con amor, llora cuando lloran los suyos. Puede que llorara en otras ocasiones a lo largo de su vida —no lo sabemos—, sin duda lo hizo en el huerto de los olivos. En cualquier caso, Jesús siempre llora por amor.

Se conmovió profundamente y, presa de una gran turbación, lloró. Cuántas veces nos cuenta el Evangelio la conmoción de Jesús repitiendo una frase: «Al ver a las muchedumbres, se compadecía de ellas» (Mt 9, 36; 13, 14). Jesús no puede ver a la gente sin sentir compasión. Sus ojos miran con el corazón; Jesús ve con los ojos, pero mira con el corazón y es capaz de llorar.

Hoy en día, ante un mundo que sufre tanto y tanta gente que padece las consecuencias de esta pandemia, debo preguntarme: ¿soy capaz de llorar como, sin duda, habría hecho Jesús, como hace Jesús? Mi corazón ¿se asemeja al de Él? Y, si es demasiado duro, si soy capaz de hablar, de hacer el bien, de ayudar, pero no soy capaz de llorar, debo pedir esa gracia al Señor. Señor, que yo llore contigo, que llore con tu pueblo, que sufre en este momento. Hoy en día son muchos los que lloran y nosotros, desde este altar, desde este sacrificio de Jesús, que no se avergonzó de llorar, pedimos la gracia del llanto.

¡No es momento para dormir!

Diez muchachas esperan la llegada del esposo, pero este se retrasa y ellas se duermen. Cuando anuncian que el esposo está a punto de llegar, todas se preparan para recibirlo, pero, mientras cinco de ellas, sabias, se han provisto de aceite para alimentar sus lámparas, las otras, que son necias, no pueden hacerlo porque no tienen, y, mientras lo buscan, llega el esposo y las vírgenes bobas encuentran cerrada la puerta por la que se entra a la fiesta nupcial. Llaman con insistencia, pero ya es demasiado tarde, el esposo responde: «No os conozco». El esposo es el Señor y el tiempo de espera de su llegada es el tiempo que Él nos concede con misericordia y paciencia antes de su arribo final. Es un tiempo de vigilancia; un tiempo en que debemos mantener encendidas las lámparas de la fe, la esperanza y la caridad, en que debemos tener el corazón abierto al bien, a la belleza y a la verdad; un tiempo que debemos vivir de acuerdo con Dios, porque no sabemos ni el día ni la hora del regreso de Cristo. Se nos pide que estemos preparados para el encuentro, para un bonito encuentro, el encuentro con Jesús, y eso significa saber reconocer las señales de su presencia, mantener viva nuestra fe con la oración, los sacramentos, estar alertas para no dormirnos, para no olvidarnos de Dios. La vida de los cristianos dormidos es una vida triste, no es una vida feliz. El cristiano debe ser feliz. ¡No debemos dormirnos!

Dueños de los sentimientos

¿Qué pienso antes de irme a la cama? A veces es imposible pensar, porque estás reventado y te duermes en un santiamén. Seguro que a vosotros también os sucede eso. Por lo general, trato de irme a la cama antes para poder pensar un poco en lo que ha sucedido en mi corazón durante el día, en los sentimientos que he experimentado. Y me pregunto: ¿por qué he sentido esto en esta situación? ¿Por qué he sentido esta otra cosa en esta otra situación? ¿Por qué he sentido rabia hacia esa persona? ¿Por qué me ha transmitido ternura esa otra? Intento ver lo que sucede en mi corazón. Eso me ayuda mucho, porque a veces descubro que mis sentimientos no son demasiado buenos, encuentro raíces de egoísmo, quizá de envidia... ¡Sí, yo también! ¡Tenemos tantas cosas malas! Pero también encuentro raíces buenas. No quiero que mi corazón sea un camino donde los sentimientos van y vienen sin que yo intente comprenderlos... No, debemos tomarnos nuestro tiempo. Hacer lo que hago yo: me tomo ese «tiempecito», poco, menos de diez minutos, y trato de analizar lo que ha pasado en mi corazón y qué significan los sentimientos que he experimentado. De esta forma, me quedo con las cosas buenas y doy gracias a la vida y a Dios por ellas, a la vez que intento examinar a fondo los malos sentimientos para que no se repitan. Es decir, trato de comprender lo que ha sucedido dentro de mí durante el día, de analizar mis emociones. Esto es muy importante. En muchas ocasiones nos concentramos en nuestros pensamientos y nos decimos: «He pensado esto...» Pero ¿qué has sentido? Ayuda mucho hacer esa reflexión. Hay que ser dueños de los sentimientos. No para dominarlos, sino para saber lo que significan y el mensaje que transmiten.

La Iglesia necesita...

Os digo lo que necesita la Iglesia: os necesita a vosotros, necesita vuestra colaboración y, antes de eso, vuestra comunión conmigo y entre vosotros. La Iglesia necesita vuestra valentía para anunciar el Evangelio siempre, tanto si es oportuno como si no, y para dar testimonio de la verdad. La Iglesia necesita vuestra oración, para que el rebaño de Cristo vaya por el buen camino, la oración que, con el anuncio de la Palabra, es —¡no lo olvidemos!— la primera tarea del obispo. La Iglesia necesita vuestra compasión, sobre todo en este momento en que están sufriendo tantos países del mundo. Expresemos juntos nuestra cercanía espiritual a las comunidades eclesiásticas, a todos los cristianos que padecen discriminaciones y persecuciones. ¡Debemos luchar contra cualquier tipo de discriminación! La Iglesia necesita que recemos por ellos, para que sean fuertes en la fe y sepan reaccionar frente al mal haciendo el bien. Nuestra oración se extiende asimismo a todos los hombres y mujeres que padecen la injusticia a causa de sus convicciones religiosas.

La Iglesia también nos necesita para que seamos hombres de paz y para que transmitamos la paz con nuestras obras, nuestros deseos y nuestras oraciones. ¡Debemos ser artesanos de la paz! Por eso apelamos a la paz y la reconciliación para los pueblos que en esta época sufren la violencia, la exclusión y la guerra.

Elogio de la inquietud

El amor de Dios y nuestra relación con Cristo vivo no nos impiden soñar, no nos exigen que limitemos nuestros horizontes. Al contrario, ese amor nos alienta, nos estimula, nos proyecta hacia una vida mejor y más hermosa. La palabra «inquietud» resume muchas de las aspiraciones que residen en los corazones de los jóvenes. Como decía san Pablo VI, «en la misma insatisfacción que os atormenta hay un elemento de luz». La inquietud propia de la insatisfacción, además del estupor por las novedades que aparecen en el horizonte, abre el camino a la audacia que los empuja a agarrar la vida con las manos y hacerse responsables de una misión. Esa sana inquietud, que se despierta sobre todo en la juventud, sigue caracterizando no obstante los corazones que se mantienen jóvenes, disponibles, abiertos. La verdadera paz interior convive con esa profunda insatisfacción. San Agustín decía: «Señor, nos has hecho para ti y nuestro corazón estará inquieto hasta que repose en ti».

V

La alegría tiene la última palabra

¡Alegraos!

«¡Alegraos y regocijaos!» (Mt 5, 12), dice Jesús a los que son perseguidos y humillados por su causa. El Señor pide todo y ofrece la auténtica vida, la felicidad para la que hemos sido creados. Él quiere que seamos santos y confía en que no nos contentemos con una existencia mediocre, aguada, inconsistente.

¡Contempla a Jesús rebosante de alegría!

Contempla a Jesús feliz, rebosante de alegría. Alégrate con tu Amigo, que ha triunfado. Mataron al santo, al justo, al inocente, pero Él venció. El mal no tiene la última palabra. Tampoco en tu vida el mal tendrá la última palabra, porque tu Amigo te ama y quiere triunfar en ti. Tu Salvador vive.

Si Él vive, el bien puede abrirse paso en nuestra vida y nuestros esfuerzos servirán para algo. Así pues, podemos dejar de quejarnos y mirar adelante, porque con Él se puede mirar siempre adelante. Esa es la seguridad que tenemos. Jesús está eternamente vivo. Aferrados a él, viviremos y atravesaremos indemnes cualquier forma de muerte y violencia que se oculte en el camino.

Las demás soluciones serán débiles y temporales. Puede que nos resulten útiles durante cierto tiempo, pero después nos encontraremos de nuevo indefensos, abandonados, expuestos a la intemperie. En cambio, con Él, el corazón está enraizado en una profunda seguridad que pervive al margen de todo.

Santo padre, ¿es usted feliz?

Un joven pregunta:
Todos en este mundo intentan ser felices, pero nosotros nos hemos preguntado: ¿es usted feliz? Y, si lo es, ¿por qué?

El papa Francisco responde:
Desde luego que soy feliz, absolutamente feliz. Y lo soy porque..., no sé por qué..., quizá porque tengo trabajo, no estoy en el paro, ¡trabajo como pastor! Soy feliz porque he encontrado mi camino en la vida y ese camino me hace feliz. Además, la mía es una felicidad sosegada, porque a esta edad la felicidad que siento no es como la de los jóvenes, es diferente. Es una paz interior, una paz grande, una felicidad que llega también con la edad, incluso si has tenido muchos problemas en el camino. Ahora también tengo problemas, pero esa felici-

dad no se desvanece con ellos, no: esa felicidad ve los problemas, los padece y después sigue adelante, hace algo para resol-
verlos y avanza. Esa paz y esa felicidad están en lo más
profundo de mi corazón. Para mí es una gracia de Dios, de
verdad. Es una gracia. No es mérito propio.

Lo que llena el corazón

La alegría del Evangelio llena el corazón y la vida entera de los
que se encuentran con Jesús. Los que se dejan salvar por Él quedan libres del pecado, de la tristeza, del vacío interior y del
aislamiento.

Es posible ser pobre y ser feliz

La primera bienaventuranza declara felices a los «pobres de
espíritu», porque a ellos pertenece el reino de los cielos. En un
tiempo en que muchas personas sufren a causa de la crisis
económica, unir pobreza y felicidad puede parecer fuera de
lugar. ¿En qué sentido podemos concebir la pobreza como
una bendición?

Para empezar, tratemos de entender qué significa ser «pobres de espíritu». Cuando el Hijo de Dios se hizo hombre,
eligió un camino de pobreza y expoliación. Como dice san
Pablo en la Epístola a los filipenses: «Tened entre vosotros los
sentimientos propios de Cristo Jesús. El cual, siendo de condición divina, no retuvo ávidamente el ser igual a Dios; al con-

trario, se despojó de sí mismo tomando la condición de escla-
vo, hecho semejante a los hombres» (v. 2, 5-7). Jesús es Dios
que se desprende de su gloria. Aquí vemos como Dios elige la
pobreza: siendo rico se hizo pobre para enriquecernos con
su pobreza (2 Cor 8, 9). Es el misterio que contemplamos en
el pesebre al ver al Hijo de Dios en un comedero, y después
en la cruz, donde la expoliación llega al culmen.

El adjetivo griego *ptochós* (pobre) no tiene un significado
exclusivamente material, porque también quiere decir «mendi-
go». Debe relacionarse con el concepto hebraico de *anawim*, los
pobres de Yavé, que a su vez evoca la humildad, la conciencia de
los propios límites, de la propia condición existencial de pobreza. Los *anawim* se fían del Señor, saben que dependen de Él.

Los caminos impensables de Dios

¿Qué significa la palabra «bienaventurado»? ¿Por qué cada
una de las ocho bienaventuranzas empieza con la palabra
«bienaventurado»? El término original no alude a una persona
con la barriga llena, a la que las cosas le van bien, sino a una
persona que se encuentra en una condición de gracia, que
progresa en la gracia y en el camino de Dios: la paciencia, la
pobreza, el servicio a los demás, el consuelo... Los que progresan en esas cosas son felices y serán bienaventurados.

Dios, para darse a nosotros, elige a menudo caminos im-
pensables, quizá los que coinciden con nuestros límites,
nuestras lágrimas y nuestras derrotas. Es la alegría pascual de
la que hablan nuestros hermanos orientales, la que pervive a

pesar de los estigmas, la que ha atravesado la muerte y ha experimentado el poder de Dios. Las bienaventuranzas nos conducen a la alegría, siempre. Son el camino para alcanzar la alegría.

¿Somos capaces de apreciar lo esencial?

La felicidad de los pobres —de los pobres de espíritu— tiene una doble dimensión según haga referencia a los *bienes* o a *Dios*. En lo tocante a los bienes materiales, la pobreza de espíritu coincide con la sobriedad: que no significa necesariamente renuncia, sino la capacidad de apreciar lo esencial, de compartir; la capacidad de renovar todos los días el estupor que despierta en nosotros la bondad de las cosas sin hundirnos en la opacidad del consumo voraz. Cuanto más tengo, más quiero; cuanto más tengo, más quiero: ese es el consumo voraz. Y el consumo voraz mata el alma. El hombre y la mujer que hacen eso, que tienen esa actitud de «cuanto más tengo, más quiero», no son felices y no alcanzarán la felicidad. En relación con Dios, la felicidad es alabanza y reconocimiento de que el mundo es una bendición y de que en su origen está el amor creador del Padre. Pero también es apertura a Él, sumisión a su señorío: es Él, el Señor, es Él el Grande, ¡no yo porque tengo infinidad de cosas! Es Él, que quiso el mundo para todos los hombres y para que todos los hombres fueran felices.

Malos espíritus (y el espíritu bueno de un ciego)

En el capítulo cinco del evangelio de Juan (5, 1-16), Jesús, al llegar a Jerusalén, visita una piscina donde iban los enfermos para sanar, porque se decía que de vez en cuando un ángel bajaba del cielo y movía sus aguas para que pareciera un río, y que el primero que se arrojaba a ella se curaba. Muchos enfermos que querían sanar yacían allí, esperando a que se moviera el agua: «Y allí estaban echados muchos enfermos, ciegos, cojos, paralíticos» (v. 3).

En la piscina había un hombre que llevaba enfermo treinta y ocho años. ¡Treinta y ocho años allí, esperando la curación! Esto da que pensar, ¿no? Es un poco excesivo... Porque si uno quiere curarse se las arregla para encontrar a alguien que lo ayude, se mueve, muestra cierta agilidad, además de cierta astucia... Pero ese hombre estaba allí desde hacía treinta y ocho años, de manera que no se sabía si estaba enfermo o muerto... «Jesús, al verlo echado, y sabiendo que ya llevaba mucho tiempo, le dice: "¿Quieres quedar sano?"» (v. 6). La respuesta es interesante: no le dice que sí, sino que se lamenta. ¿De la enfermedad? No. «El enfermo le contestó: "Señor, no tengo a nadie que me meta en la piscina cuando se remueve el agua; para cuando llego yo, otro se me ha adelantado"» (v. 7). Así pues, es un hombre que llega siempre demasiado tarde. Jesús le dice: «Levántate, toma tu camilla y echa a andar» (v. 8). «Y al momento el hombre quedó sano» (v. 9).

La tristeza es la semilla del diablo

La actitud de ese hombre nos invita a la reflexión. ¿Estaba enfermo? Sí, quizá padecía algún tipo de parálisis, pero parece que podía caminar un poco. En realidad, tenía el corazón enfermo, el alma enferma, estaba enfermo de pesimismo, de tristeza, de apatía. Esa era su enfermedad: «Sí, quiero vivir, pero...», allí estaba. Y su respuesta no fue: «¡Sí, quiero curarme!». No, en lugar de eso se lamentó: «Los demás siempre llegan antes». La respuesta a la oferta de Jesús de sanarlo es una queja contra los demás, de manera que llevaba treinta y ocho años quejándose de los demás y sin hacer nada para curarse.

La clave es el encuentro con Jesús después de la curación. «Más tarde, lo encuentra Jesús en el templo y le dice: "Mira, has quedado sano; no peques más, no sea que te ocurra algo peor"» (v. 14). El hombre estaba en pecado, pero no porque hubiera cometido nada grave, no: su pecado consistía en sobrevivir y quejarse de la vida de los demás; el pecado de la tristeza, que es la semilla del diablo, la incapacidad de decidir sobre la propia vida y mirar la vida de los demás para protestar. No para criticarlos, sino para protestar. «Ellos van delante, yo soy la víctima de esta vida». Quejas, estas personas respiran quejas.

Vidas grises

Comparémoslo con el ciego de nacimiento del capítulo nueve del evangelio de Juan: con qué alegría, con qué entusiasmo recibió la curación y también con cuánta firmeza fue a discutir con los doctores de la ley para defender a Jesús. En cambio, el paralítico solo fue a informarlos: «Sí, es ese» (v. 15). Punto. Esto me recuerda a muchos de nosotros, a muchos cristianos que viven en ese estado de apatía, que son incapaces de hacer algo y se quejan de todo. La apatía es un veneno, es una niebla que envuelve el alma y le impide vivir. Además es una droga, porque, si uno la prueba a menudo, acaba gustándole y se convierte en un «tristeza-dependiente», en un «apatía-dependiente». Es como el aire que respiras. Estos pecados son bastante habituales entre nosotros: la tristeza, la apatía, una especie de melancolía.

En este sentido, nos ayudará releer el capítulo cinco del evangelio de Juan para ver cómo es la enfermedad en la que podemos caer. El agua está para salvarnos. «Pero yo no puedo salvarme» —«¿Por qué?»— «Porque los demás tienen la culpa». Y el paralítico permanece allí treinta y ocho años. Luego Jesús lo cura, pero el enfermo no reacciona como los demás que también han sido curados, ¡que cogen la camilla y bailan, cantan, dan gracias y se lo cuentan a todo el mundo! No, él no cambia de actitud. Y a los judíos que le dicen que no puede mover la camilla porque es sábado, les responde: «El que me ha curado me ha dicho: "Toma tu camilla y echa a andar"», pero sin defender al que lo ha sanado. Y, en lugar de ir a ver a Jesús para darle las gracias, lo delata a los doctores de la ley: «Ha sido ese». Una vida gris, pero con el gris de ese mal espíritu que es la apatía, la tristeza, la melancolía.

EL AGUA Y LA APATÍA

Pensemos en el agua, en esa agua que simboliza nuestra fuerza, nuestra vida, en el agua que Jesús utilizó para regenerarnos en el bautismo. Pensemos también en nosotros, en si corremos el peligro de caer en esa apatía, en ese pecado «neutral»: el pecado del neutro consiste en no ser ni blanco ni negro, en que no se sabe lo que es. Y el diablo puede utilizar ese pecado para aniquilar nuestra vida tanto espiritual como personal. Que el Señor nos ayude a comprender hasta qué punto es maligno y feo este pecado.

¿Quién nos enseña a llorar y a sonreír?

Los niños tienen la capacidad de sonreír y llorar. Algunos sonríen cuando los cojo para abrazarlos, otros me ven vestido de blanco y creen que soy el médico y que voy a vacunarlos y se echan a llorar. ¡Pero lo hacen de forma espontánea! Los niños son así: sonríen y lloran, dos cosas que nosotros, los adultos, solemos contener, que ya no somos capaces de hacer... En muchas ocasiones, nuestra sonrisa es una sonrisa acartonada, inerme, nada vivaz, forzada, de payaso. Los niños, en cambio, sonríen y lloran con espontaneidad. La sonrisa y el llanto dependen siempre del corazón y este a menudo se cohíbe y pierde esa capacidad. Los niños pueden enseñarnos a hacerlo de nuevo. Debemos preguntarnos: ¿sonrío de forma espontánea, con frescura y amor, o mi sonrisa es forzada? ¿Sigo teniendo la capacidad de llorar o la he perdido? Dos preguntas muy humanas que nos enseñan los niños.

Cuando veo a alguien durmiendo en la calle...

Cuando veo a alguien durmiendo a la intemperie, en una noche fría, puedo sentir que el bulto es un imprevisto que me estorba, un delincuente ocioso, un obstáculo en mi camino, un aguijón molesto en mi conciencia, un problema que deben resolver los políticos, y puede que incluso una inmundicia que ensucia el espacio público. Pero también puedo reaccionar con fe y caridad y reconocer en él a un ser humano con la misma dignidad que yo, una criatura que goza del amor infinito del Padre, una imagen de Dios, o un hermano redimido por Cristo. ¡Eso es ser cristiano! Porque ¿es posible entender la santidad prescindiendo de ese reconocimiento vivo de la dignidad de todos los seres humanos?

La alegría no está en las cosas, sino en el encuentro

Sabemos que las cosas del mundo pueden colmar algún deseo, despertar alguna emoción, pero al final la alegría que generan es superficial, no llega a lo más íntimo, no es una alegría íntima: es la exaltación de un momento que no nos hace realmente felices. La alegría no es la euforia de un momento: ¡es otra cosa!

La auténtica alegría no proviene de las cosas, de la posesión, ¡no! Nace del encuentro, de la relación con los demás, del sentirse aceptados, comprendidos, amados, y de aceptar, comprender y amar; y no por el interés de un momento, sino porque el otro, la otra, es una persona. ¡La alegría nace de la gratuidad del encuentro! Es sentir que nos dicen: «Tú eres importante para mí», no necesariamente con palabras. Esto es hermoso... y es justo lo que Dios nos hace comprender. Al llamarnos, Dios nos dice: «Tú eres importante para mí, te quiero mucho, cuento contigo». ¡Jesús nos lo dice a cada uno de nosotros! ¡De ahí nace la alegría! La alegría del momento en que Jesús me ha mirado. Comprender y sentir, ese es el secreto de nuestra alegría. Sentirse amados por Dios, sentir que para Él no somos números, sino personas; y sentir que Él nos llama.

Convertirse en sacerdote, religioso o religiosa no es una elección. No me fío de los seminaristas o de las novicias que me dicen: «Elegí este camino». ¡Eso no me gusta! ¡No es así! En realidad, es la respuesta a una llamada de amor. Siento algo dentro que me inquieta y respondo que sí. El Señor nos hace sentir ese amor en la oración, pero también a través de muchas señales que podemos leer en nuestra vida, en las numerosas personas que aparecen en nuestro camino. Y la alegría del encuentro con Él y de su llamada no nos lleva a cerrarnos, sino a abrirnos y a servir a la Iglesia.

Nada de caras tristes

Que entre nosotros no se vean caras tristes, personas descontentas e insatisfechas, porque «un seguimiento triste es un triste seguimiento». Nosotros, al igual que todos los demás hombres y mujeres, también experimentamos dificultades, noches del espíritu, decepción, enfermedad, pérdida de fuerzas debido a la vejez. Precisamente en esto deberíamos encontrar la «perfecta alegría», aprender a reconocer el rostro de Cristo, que se hizo en todo semejante a nosotros, y sentir por tanto la alegría de sabernos semejantes a él, que no rehusó someterse a la cruz por su amor por nosotros.

El camino de vida de los santos (y el tuyo)

Si algo caracteriza a los santos es que son verdaderamente *felices*. Han descubierto el secreto de la auténtica felicidad, que reside en el fondo del alma y tiene su fuente en el amor divino. Por eso a los santos se les llama bienaventurados.

Con un poco de sentido del humor

Generalmente la alegría cristiana viene acompañada del sentido del humor, tan destacado, por ejemplo, en santo Tomás Moro, en san Vicente de Paúl o en san Felipe Neri. El mal humor no es un signo de santidad: «Rechaza las penas del corazón» (Ece 11, 10). Es tanto lo que recibimos del Señor, «para que lo disfrutemos» (1 Tm 6, 17), que a veces la tristeza tiene que ver con la ingratitud, con estar tan encerrado en sí mismo que uno se vuelve incapaz de reconocer los regalos de Dios.

La fe es la fuerza de quien sabe que no está solo

Nunca se oyó hablar de un santo triste o de una santa con rostro fúnebre. ¡Nunca se oyó algo semejante! Sería un contrasentido. El cristiano es una persona que tiene el corazón lleno de paz porque sabe centrar su alegría en el Señor incluso cuando atraviesa momentos difíciles, de la vida. Tener fe no significa no pasar por momentos difíciles, sino disponer de la fuerza para afrontarlos sabiendo que no estamos solos. Y esta es la paz que Dios dispensa a sus hijos.

Piedad, no pietismo

Si el don de la piedad nos hace crecer en la relación y en la comunión con Dios y nos lleva a vivir como hijos suyos, al mismo tiempo nos ayuda a volcar este amor también en los demás y a reconocerlos como hermanos. Y entonces sí que nos moverán sentimientos de piedad —¡no de pietismo!— respecto a quien está a nuestro lado y a aquellos que encontramos cada día. ¿Por qué digo no de pietismo? Porque algunos piensan que tener piedad es cerrar los ojos, poner cara de estampa religiosa, aparentar ser como un santo. En piamontés decimos: hacer la «*mugna quacia*». Esto no es el don de la piedad. El don de la piedad significa ser verdaderamente capaces de gozar con quien experimenta alegría, llorar con quien llora, estar cerca de quien está solo o angustiado, corregir a quien está en el error, consolar a quien está afligido, acoger y socorrer a quien pasa necesidad. Hay una relación muy estrecha entre el don de la piedad y la apacibilidad. El don de la piedad que nos da el Espíritu Santo nos hace apacibles, nos hace serenos, pacientes, en paz con Dios, al servicio de los demás con docilidad.

Una alegría tan grande que nadie te la puede quitar

Fue la primera palabra que el arcángel Gabriel le dijo a la Virgen: «Alégrate, llena de gracia, el Señor está contigo» (Lc 1, 28). La vida del que ha descubierto a Jesús se llena de una alegría interior tan grande que nada ni nadie puede privarle de ella. Cristo da a los suyos la fuerza necesaria para que no estén tristes ni abatidos, ni piensen que los problemas no tienen solución. Sostenido por esta verdad, el cristiano no duda de que lo que se hace con amor es fuente de una alegría serena, hermana de la esperanza que rompe la barrera del miedo y abre las puertas a un futuro prometedor.

Sed astutos

Un aspecto de la luz que nos guía en el camino de la fe es también la santa «astucia». Es además una virtud. Se trata de esa sagacidad espiritual que nos permite reconocer los peligros y evitarlos. Los Magos supieron usar esta luz de «astucia» cuando, de regreso a su tierra, decidieron no pasar por el palacio tenebroso de Herodes, sino marchar por otro camino. Estos sabios venidos de Oriente nos enseñan a no caer en las asechanzas de las tinieblas y a defendernos de la oscuridad que pretende cubrir nuestra vida. Ellos, con esta santa «astucia», han protegido la fe.

También nosotros debemos proteger la fe. Protegerla de esa oscuridad. ¡Esa oscuridad que a menudo se disfraza incluso de luz! Porque el demonio, dice san Pablo, muchas veces se viste de ángel de luz. Y entonces es necesaria la santa «astucia», para proteger la fe, protegerla de los cantos de las sirenas, que te dicen: «Mira, hoy debemos hacer esto, aquello...».

La fe es una gracia, es un don. Y a nosotros nos corresponde protegerla con la santa «astucia», con la oración, con el amor, con la caridad. Es necesario acoger en nuestro corazón la luz de Dios y, al mismo tiempo, practicar aquella astucia espiritual que sabe armonizar la sencillez con la sagacidad, como Jesús pide a sus discípulos: «Sed sagaces como serpientes y sencillos como palomas» (Mt 10, 16).

Sor Lamentación

El apóstol san Pablo les dice a los tesalonicenses: «Hermanos, estad siempre alegres». Pero ¿cómo puedo estar alegre? Él añade: «Sed constantes en orar. Dad gracias en toda ocasión» (1 Tes 5, 17-18). La alegría cristiana la encontramos en la oración, es fruto de la oración y también de dar gracias a Dios: «¡Gracias, Señor, por tantas cosas hermosas!». Algunas personas, sin embargo, no saben dar gracias a Dios: buscan siempre algo de que lamentarse.

Conocí a una monja que era buena, trabajaba..., pero su vida consistía en lamentarse, en quejarse de muchas de las cosas que sucedían... En el convento la llamaban sor Lamentación y es comprensible. Un cristiano no puede vivir así, buscando siempre motivos de queja: «Este tiene algo que yo no tengo... ¿Has visto lo que ha pasado?». ¡Eso no es ser cristiano! Duele encontrar cristianos con cara de amargura, con el semblante inquieto de la amargura, del desasosiego. Jamás un santo o una santa han tenido cara de funeral, ¡jamás! Los santos siempre tienen cara de alegría o, al menos, cara de paz en el sufrimiento. Pensad en el sufrimiento máximo, el martirio de Jesús: Él tenía cara de paz y se preocupaba por los demás, por su madre, por Juan, por el ladrón... Se preocupaba por los demás.

En las profundidades de la vida

La persona que ve las cosas como son de verdad permite que el dolor la traspase y llora en su corazón, es capaz de adentrarse en las profundidades de la vida y de ser realmente feliz. Esa persona recibe consuelo, pero el consuelo de Jesús, no el del mundo. De esa forma, puede tener el valor que se requiere para compartir el sufrimiento con los demás y dejar de huir de las situaciones dolorosas. Además, descubre que la vida tiene sentido cuando se auxilia a otro en su dolor, cuando se comprende la angustia ajena, cuando se conforta a los demás. Esa persona siente que el otro es carne de su carne, no teme acercarse a él para tocar su herida, se compadece hasta sentir que las distancias se anulan. Así es posible recibir la exhortación de san Pablo: «Llorad con los que lloran» (Rom 12, 15). Saber llorar con los demás, eso es santidad.

VI

Haz buenas preguntas
y encontrarás las respuestas

Un maestro sabio

Un maestro sabio dijo en una ocasión que la clave para crecer en sabiduría no es tanto encontrar las respuestas correctas, sino las preguntas correctas. Pensad: ¿sé responder a las cosas? ¿Sé responder bien a las cosas? ¿Tengo la respuestas correctas? Si alguno de vosotros me dice que sí, me alegro por él. Pero entonces que se haga otra pregunta: ¿sé hacer las preguntas correctas? ¿Tengo un corazón inquieto que me empuja a interrogarme continuamente sobre la vida, sobre mí mismo, sobre los demás, sobre Dios? Con las respuestas correctas se aprueban los exámenes, ¡pero sin las preguntas correctas no se aprueba en la vida!

¿Para quién soy yo?

¿Cuál es para mí la pobreza más terrible? ¿Cuál es para mí el mayor grado de pobreza? Siendo honestos, comprendemos que la mayor pobreza que podemos padecer es la soledad y la sensación de no ser amados. Todos estamos llamados a combatir esa pobreza espiritual, y vosotros, los jóvenes, desempeñáis en eso un papel especial, porque esa lucha exige que cambiemos radicalmente nuestras prioridades, nuestras elecciones. Implica reconocer que lo más importante no es lo que poseo o lo que puedo adquirir, sino con quién puedo compartirlo. No es tan importante concentrarse y preguntarse por qué vivo, sino *para quién* vivo. Aprended a haceros esta pregunta: no *para qué* vivo, sino *para quién* vivo, con quién comparto mi vida. Las cosas son importantes, pero las personas son indispensables; sin ellas nos deshumanizamos, perdemos la cara, el nombre, y nos convertimos en un objeto más, puede que el mejor de todos, pero un objeto a fin de cuentas; y nosotros no somos objetos, somos personas. El libro del Eclesiástico dice: «Un amigo fiel es un refugio seguro, y quien lo encuentra ha encontrado un tesoro» (6, 14). Por eso es importante preguntarse en todo momento: «*¿Para quién* soy yo?». Sin duda, eres para Dios, pero Él quiso que fueras también para los demás y te dio muchas cualidades, inclinaciones, dones y carismas que en realidad no son para ti, sino para los demás, para compartir con los demás. No se trata únicamente de vivir la vida, sino de compartirla. Compartir la vida.

¿Cómo entrar en el tiempo que nos espera?

Me gustaría que esta palabra —esperanza—, que es para los cristianos una virtud fundamental, animase la mirada con la que nos adentramos en el tiempo que nos aguarda.

Claro que la esperanza exige realismo. Exige ser conscientes de las numerosas dificultades que afligen nuestra época y de los desafíos que aparecen en el horizonte. Exige que se llame por su nombre a los problemas y que se tenga el valor de afrontarlos. Exige que recordemos que la comunidad humana porta consigo las huellas y las heridas de las guerras que se han sucedido a lo largo del tiempo, con una creciente capacidad destructora, y que no cesan de azotar sobre todo a los más pobres y a los más débiles. Por desgracia, el nuevo año no parece tachonado de señales alentadoras, sino más bien de un recrudecimiento de las tensiones y la violencia.

Pues bien, precisamente a la luz de estas circunstancias es cuando no podemos dejar de esperar. Y esperar exige valentía. Exige ser conscientes de que el mal, el sufrimiento y la muerte no prevalecerán y que incluso las cuestiones más complejas pueden y deben afrontarse y resolverse. La esperanza es la virtud que nos pone en camino, que nos da alas para seguir adelante, incluso cuando los obstáculos parecen insuperables.

Todos inquietos, todos buscamos

La búsqueda de la felicidad es común a todas las personas de cualquier época y edad. Dios ha puesto en el corazón de cada hombre y cada mujer un deseo irreprimible de felicidad y plenitud. ¿No sentís que vuestros corazones están inquietos y que buscan continuamente un bien que pueda saciar su sed de infinito?

¿Quiénes son los justos?

Es tan hermosa la visión del cielo del libro del Apocalipsis: el señor Dios, la belleza, la bondad, la verdad, la ternura, el amor pleno. Todo eso nos espera. Los que nos han precedido y han muerto en el Señor están allí. Ellos proclaman que se han salvado, no por sus obras —aunque también hicieron buenas obras—, sino gracias al Señor: «¡La victoria es de nuestro Dios, que está sentado en el trono, y del Cordero» (Ap 7, 10). Él es quien nos salva, Él es quien, al final de nuestra vida, nos lleva de la mano como si fuera nuestro padre, justo a ese cielo donde están nuestros antepasados. Uno de los ancianos pregunta: «Estos que están vestidos con vestiduras blancas ¿quiénes son y de dónde han venido?» (v. 13). ¿Quiénes son esos justos, esos santos que están en el cielo? La respuesta es: «Estos son los que vienen de la gran tribulación: han lavado y blanqueado sus vestiduras en la sangre del Cordero» (v. 14).

Solo podemos entrar en el cielo gracias a la sangre del Cordero, gracias a la sangre de Cristo. Es precisamente la sangre de Cristo la que nos ha justificado, la que nos ha abierto las puertas del cielo. Y si cada 1 de noviembre recordamos a nuestros hermanos y hermanas que nos han precedido en la vida y están en el cielo, es porque ellos fueron lavados con la sangre de Cristo. ¡Esta es nuestra esperanza: la esperanza de la sangre de Cristo! Una esperanza que no decepciona. Si caminamos en la vida con el Señor, ¡Él nunca nos defraudará!

¿Cómo vivir la esperanza aquí y ahora?

El ritmo vertiginoso al que nos vemos sometidos parece robarnos la esperanza y la alegría. Las presiones y la impotencia que experimentamos ante tantas situaciones parecen endurecernos el alma y volvernos insensibles frente a los numerosos desafíos. Pero, paradójicamente, a pesar de que todo se acelera para construir en teoría una sociedad mejor, al final no tenemos tiempo para nada ni para nadie. Perdemos el tiempo que deberíamos dedicar a la familia, a la comunidad, a la amistad, a la solidaridad y a la memoria. Conviene que nos preguntemos: ¿cómo es posible vivir la alegría del Evangelio hoy en nuestras ciudades? ¿Es posible la esperanza cristiana en esta situación, aquí y ahora? Estas dos preguntas tocan nuestra identidad, la vida de nuestras familias, de nuestros países y de nuestras ciudades.

¡Aquí estoy, mándame!

La enfermedad, el sufrimiento, el miedo y el aislamiento nos interpelan. La pobreza del que muere solo, del que queda abandonado a su suerte, del que pierde el trabajo y el sueldo, del que no tiene casa ni comida nos cuestiona. Obligados a la distancia física y a permanecer en casa, se nos invita a redescubrir que necesitamos las relaciones sociales y también la relación comunitaria con Dios. Lejos de aumentar la desconfianza y la indiferencia, esta condición debería hacernos prestar más atención a nuestra manera de relacionarnos con los demás. Y la oración, en la que Dios toca y mueve nuestro corazón, nos abre a las necesidades de amor, de dignidad y de libertad de nuestros hermanos, al igual que al cuidado de todo lo creado.

La imposibilidad de reunirnos como Iglesia para celebrar la eucaristía nos ha hecho compartir la condición de muchas comunidades cristianas que no pueden celebrar misa todos los domingos. En este contexto, la pregunta de Dios: «¿A quién enviaré?», se nos plantea de nuevo esperando de nosotros una respuesta generosa y convencida. «¡Aquí estoy, mándame! (Is 6, 8). Dios sigue buscando a quién enviar al mundo y a la gente para dar testimonio de su amor, de la salvación del pecado y de la muerte, de la liberación del mal (Mt 9, 35-38; Lc 10, 1-12).

¿Qué me espera?

Ninguno de nosotros sabe qué nos aguarda en la vida. Podemos hacer cosas malas, terribles, pero no desesperéis, por favor, ¡el Padre siempre nos espera! ¡Volved, volved! Esa es la palabra. ¡Regreso a casa, porque el Padre me espera! Y, si he pecado mucho, celebrará una gran fiesta. En cuanto a vosotros, los sacerdotes, os ruego que abracéis a los pecadores y seáis misericordiosos, porque Dios nunca se cansa de perdonar, nunca se cansa de esperarnos.

El Dios que transforma el miedo en esperanza

¿Cuándo se proclama solemnemente en el Evangelio la identidad de Jesús? Cuando el centurión dice: «Era de verdad Hijo de Dios». Lo dice cuando Cristo acaba de expirar en la cruz, porque ya es imposible caer en el error: es evidente que Dios es *omnipotente en el amor* y no de otra forma. Es su naturaleza, porque está hecho así. Él *es* el Amor.

Podrías objetar: «¿Qué puedo hacer con un dios tan débil, que muere? ¡Preferiría un dios fuerte, un dios poderoso!». Pero ¿sabes?, el poder de este mundo pasa y el amor permanece. Solo el amor protege la vida que tenemos, porque acepta nuestras fragilidades y las transforma. Es el amor de Dios que en la Pascua redimió nuestro pecado con su perdón, que convirtió la muerte en un pasaje de vida, que transformó nuestro miedo en confianza, nuestra angustia en esperanza. La Pascua nos dice que Dios puede convertir todo en algo bueno, que con Él podemos confiar de verdad en que todo irá bien. Y esto no es una ilusión, porque la muerte y la resurrección de Jesús no son una ilusión: ¡sucedieron de verdad! Por eso se nos dice en la mañana de Pascua: «¡No temáis!» (Mt 28, 5). Las angustiosas preguntas sobre el mal no se desvanecen de golpe, pero encuentran en el Resucitado un fundamento sólido que nos impide naufragar.

Y yo ¿dónde quiero comer?

Mirando alrededor podemos ver que existen muchas ofertas de comida que no vienen del Señor y que en apariencia son más satisfactorias. Algunos se nutren con el dinero, otros con el éxito y la vanidad, otros con el poder y el orgullo. ¡Pero la comida que nos nutre y nos sacia de verdad es la que nos da el Señor! El alimento que nos ofrece el Señor es diferente de los demás y es posible que no nos parezca tan sabroso como ciertos platos que nos ofrece el mundo. De ser así, soñamos con otros alimentos, como hacían los judíos en el desierto, cuando echaban de menos la carne y las cebollas que comían en Egipto, olvidando que lo hacían sentados a la mesa de la esclavitud. En esos momentos de tentación recordaban esos manjares, pero su memoria estaba enferma, era selectiva. Era un memoria esclava, privada de libertad.

Cualquiera de nosotros puede preguntarse hoy en día: y yo ¿dónde quiero comer? ¿En qué mesa quiero nutrirme? ¿Deseo sentarme a la mesa del Señor o, en cambio, sueño con comer alimentos sabrosos, pero en la esclavitud? Además, cualquiera de nosotros puede preguntarse también: ¿qué es lo que recuerdo? ¿Recuerdo al Señor que me salva o la carne y las cebollas de la esclavitud? ¿Con qué recuerdo sacio mi alma?

El Padre nos dice: «Te alimenté con el maná, que no conocías». Recuperemos la memoria. Esa es nuestra tarea: recuperar la memoria. Y aprendamos a reconocer el pan falso que engaña y corrompe, porque es fruto del egoísmo, la autosuficiencia y el pecado.

Pero tú ¿por qué?

Lo último que debo hacer con un no creyente es intentar convencerlo. Eso jamás. Lo último que debo hacer es hablar. Debo vivir mi fe con coherencia, porque será mi testimonio el que despierte la curiosidad del otro, que dirá: «Pero ¿por qué haces eso?». Entonces sí que podré hablar. Hay que evitar ante todo hacer proselitismo con el Evangelio. Si alguien asegura ser discípulo de Jesús y quiere atraerte haciendo proselitismo, no es discípulo de Jesús. No se hace proselitismo, la Iglesia no crece con el proselitismo. Ya lo dijo el papa Benedicto, la Iglesia crece atrayendo, dando testimonio. Los equipos de fútbol o los partidos políticos pueden hacer proselitismo, pero con la fe no se hace. De manera que, si alguien me pregunta: «Pero tú ¿por qué?», le responderé: «Lee, lee, lee el Evangelio, esa es mi fe», pero sin presionarlo.

Vuelve entre los brazos del Padre

Cuando leo o escucho el fragmento del profeta Oseas (14, 2-10), que dice: «Vuelve, Israel, al Señor tu Dios» (v. 2), recuerdo una canción que interpretaba hace setenta y cinco años Carlo Buti y que gustaba mucho a las familias italianas de Buenos Aires: «Vuelve con tu papá. Te cantará de nuevo la canción de cuna». «Vuelve»: tu padre te dice que vuelvas, Dios es tu padre, no es un juez, es tu padre. «Vuelve a casa, escucha, ven». Ese recuerdo —yo era un niño— me evoca siempre el capítulo quince de Lucas, el que habla del padre que vio llegar al hijo «cuando todavía estaba lejos» (v. 20), el hijo que se había marchado con todo el dinero y lo había malgastado (vv. 13-14). Si lo vio a lo lejos fue porque lo estaba esperando. Subía a la terraza —¡cuántas veces al día!— durante días, meses, puede que años, aguardando a su hijo. Lo vio a lo lejos (v. 20). Vuelve con tu papá, vuelve con tu Padre. Él te está esperando. Es la ternura de Dios la que nos habla, sobre todo en Cuaresma. Es el momento de adentrarnos en nosotros mismos y de recordar al Padre, de regresar a su lado.

«No, Padre, me da vergüenza regresar porque..., ¿sabe, Padre?, he hecho muchas cosas malas, me he metido en muchos líos...». ¿Y qué dice el Señor? «Vuelve, curaré tu deslealtad, te amaré generosamente, porque mi ira se apartó de ti. Seré como el rocío, florecerás como el lirio, echarás tus raíces como los cedros del Líbano» (Os 14, 5-6). Regresa con tu padre, te está esperando. El Dios de la ternura nos sanará, nos curará de las numerosas heridas de la vida y del sinfín de cosas malas que hemos hecho. ¡Todos tenemos las nuestras!

Pensemos esto: volver a Dios es volver al abrazo, al abrazo del Padre.

Une la fe a la perseverancia

La fe y la perseverancia van unidas, porque, si tienes fe, el Señor te concederá lo que pidas. Y si te hace esperar, llama, llama y vuelve a llamar, al final te otorgará la gracia. Ahora bien, el Señor no actúa así para hacerse de rogar ni porque diga: «Mejor que espere», no. Lo hace por nuestro bien, para que nos tomemos las cosas en serio. Hay que tomarse en serio la oración y no rezar como los loros: bla, bla, bla, y nada más. Jesús mismo nos reprocha: «Cuando recéis, no uséis muchas palabras, como los gentiles, que se imaginan que por hablar mucho les harán caso» (Mt 6, 7). No. Se trata de ser perseverante y de tener fe.

¿De verdad es posible amar desinteresadamente?

Una estudiante pregunta:

Quería preguntarle cómo puedo afrontar el sufrimiento que me produce sentir siempre en el alma el deseo de recompensa cuando realizo un gesto bueno, un gesto noble. ¿Por qué no soy capaz de dar algo sin recibir nada a cambio? ¿Cree que alguna vez seré capaz de vivir un amor sin segundas intenciones? Pero, por encima de todo, ¿existe de verdad un amor que no oculte segundas intenciones?

El papa Francisco responde:

Es cierto que siempre que hacemos algo corremos el riesgo de hacerlo movidos por el interés, buscando una recompensa. Es muy difícil recorrer el camino de la gratuidad, lograr que nuestros gestos sean gratuitos. El único camino para conseguirlo es el del amor. Quien ama no busca satisfacer su interés, porque la recompensa está ya en el amor, en el hecho de amar. «Amar» es una palabra grande. Diría incluso que es la cosa más grande que podemos hacer, amar. Piensa por ejemplo en los padres que se sacrifican por sus hijos sin pedir una recompensa, en los hijos que se sacrifican por sus padres ancianos para que no les falte el afecto y todo lo necesario, y van a verlos con ternura. Piensa en las personas que se sacrifican por sus amigos y lo hacen por amor. El camino del amor es el único que nos aleja del egoísmo, pero es necesario esforzarse para llegar a eso, se requiere madurez, generosidad. Solemos ser un poco interesados, buscamos siempre algo a cambio, pero el mero hecho de que tú hayas hecho esta pregunta significa que te inquieta, y eso ya es una gran cosa. Significa que piensas: ¿hago las cosas para conseguir algo o no? ¿Lo hago para «sacar tajada» del otro o no? El hecho de que te lo preguntes indica que eres madura.

Haceos esas preguntas, que son las preguntas de la vida, porque todos —¡todos, también yo, todos!— somos un poco egoístas y buscamos nuestro propio interés. Recuerdo a una persona que era muy egoísta, a tal punto que sus compañeros la llamaban «yo, me, mi, conmigo, para mí». Era un egocéntrico. A las personas que tienen una energía psicológica centrípeta jamás les va bien en la vida. Son personas amargadas, porque solo piensan en sí mismas y si otra tiene más éxito que ellas se amargan, porque la envidian. Por ese motivo el camino del amor es un camino difícil, porque nos obliga a podar con frecuencia las malas actitudes, lo que no es bueno. Nos ayuda el camino de la generosidad, de dejar hablar al otro, de escucharlo. A veces las personas empiezan a hablar antes de que su interlocutor haya acabado de decir lo que quería comunicarle... En lugar de interrumpir, hay que dejar hablar, hay que conceder espacio a los demás. Puede ocurrir que se trate de personas tediosas, todos conocemos algún caso... En ocasiones son pesadas, pero hay que escucharlas con paciencia. Esos comportamientos podan nuestra tendencia a arrebatar cosas de los demás, nos guían hacia la generosidad. El camino del amor se construye así, con pequeños sacrificios.

Aceptemos el consuelo

El Señor consuela siempre en la *proximidad*, con la *verdad* y la *esperanza*. Estas son las tres señales del consuelo del Señor.

En la *proximidad*, jamás en la distancia: «Aquí estoy». Qué bonitas palabras: «Aquí estoy». Aquí estoy con vosotros. En muchas ocasiones, en silencio, pero aun así sabemos que Él está, que Él siempre está. Esa proximidad que es propia de Dios, como en la encarnación, que consiste en estar junto a nosotros. El Señor consuela en la proximidad y no usa palabras hueras, al contrario, prefiere el silencio. La fuerza de la proximidad, de la presencia. Habla poco, pero está a nuestro lado.

La segunda señal de la proximidad de Jesús, de su manera de consolar, es la *verdad*: Jesús es sincero. No miente diciendo cosas para salir del paso: «No, tranquilo, todo pasará, no sucederá nada, pasará, las cosas pasan...». No. Dice la verdad, no oculta la verdad. Porque dice: «Yo soy la verdad (Jn 14, 6). Y la verdad es: «Yo me voy», es decir: «Yo moriré» (vv. 2-3). Nos enfrentamos a la muerte. Esa es la verdad y la dice con sencillez, incluso con mansedumbre, sin herir. Sea como sea, nos enfrentamos a la muerte y Jesús no oculta la verdad.

La tercera señal es: Jesús consuela en la *esperanza*. Sí, es un mal momento, pero «no se turbe vuestro corazón. Creed también en mí» (v. 1). Jesús dice: «En la casa de mi Padre hay muchas moradas. Me voy a prepararos un lugar» (v. 2). Él se adelanta para abrir las puertas de ese lugar al que, espero, todos llegaremos. «Volveré y os llevaré conmigo, para que donde estoy yo estéis también vosotros» (v. 3). El Señor regresa cada vez que uno de nosotros está a punto de irse de este mundo. «Volveré y os llevaré conmigo»: la esperanza. Él volverá, nos cogerá de la mano y nos llevará con Él. No dice: «No, no sufriréis, no es nada...». No, dice la verdad: «Estoy junto a vosotros. Esa es la verdad: es un mal momento, un momento de peligro, de muerte, pero que no se turbe vuestro corazón, conservad la paz, la paz que es la base de cualquier consuelo, porque yo volveré y os llevaré de la mano donde estoy».

No es fácil dejarse *consolar* por el Señor. Muchas veces, en los momentos malos, nos enfadamos con Él y no le permitimos acercarse a nosotros y hablarnos así, con esa dulzura, proximidad, afabilidad, sinceridad y esperanza.

Dos riquezas que no se desvanecen

Dios nos pregunta hoy por el sentido de nuestra existencia con una imagen que, por decirlo de alguna manera, las páginas del Evangelio describen como un «cedazo» en el fluir de nuestra existencia. En esas páginas se nos recuerda que la mayoría de las cosas de este mundo pasan como el agua que fluye, pero que hay realidades valiosas que, en cambio, permanecen, como una piedra preciosa en un cedazo. ¿Qué queda, qué tiene valor en la vida, qué riquezas no se desvanecen? Sin duda, dos: *el Señor y el prójimo*. Esas dos riquezas no desaparecen. Son los bienes más valiosos, los que debemos amar. Todo lo demás —el cielo, la tierra, las cosas más hermosas— pasa, pero no debemos excluir de nuestra vida ni a Dios ni a los demás.

La salvación de un tiempo nuevo

La resurrección no es solo un acontecimiento histórico pasado que debemos recordar y celebrar. Es mucho más, es el anuncio de la salvación de un tiempo nuevo que ya suena y ha hecho irrupción en la actualidad: «Ya está brotando, ¿no lo notáis?» (Is 43, 18). El Señor nos invita a construir el *ad-venire*. La fe nos concede una imaginación realista y creativa, capaz de abandonar la lógica de la repetición, de la sustitución o de la conservación; nos invita a instaurar un tiempo siempre nuevo: el tiempo del Señor. Si una presencia invisible, silenciosa, expansiva y viral nos ha sumido en la crisis y nos ha alterado, dejemos que esta otra presencia discreta, respetuosa y no invasora nos llame de nuevo y nos enseñe a no tener miedo de afrontar la realidad. Si una presencia impalpable ha sido capaz de alterar y dar un vuelco a las prioridades y a las agendas globales, en apariencia inamovibles, que tanto sofocan y destrozan a nuestras comunidades y a nuestra hermana Tierra, no temamos que sea la presencia del Resucitado la que trace nuestro camino, la que nos abra horizontes y nos dé valor para vivir este momento histórico y singular. Un puñado de hombres temerosos fue capaz de iniciar una corriente nueva, de anunciar que Dios estaba con nosotros. ¡No temáis!

Una vida inmersa en la luz

En este mundo vivimos realidades provisionales, destinadas a terminar. En cambio, en el más allá, después de la resurrección, ya no tendremos la muerte como horizonte y viviremos todo, incluso las relaciones humanas, en la dimensión divina, de forma transfigurada. También el matrimonio, señal e instrumento del amor de Dios en este mundo, resplandecerá transformado en plena luz en la comunión gloriosa de los santos en el paraíso.

Los «hijos del cielo y de la resurrección» no son unos pocos privilegiados, sino todos los hombres y mujeres, porque Jesús ha traído la salvación para todos nosotros. Y la vida de los resucitados será similar a la de los ángeles, es decir, estará totalmente inmersa en la luz de Dios, dedicada a su alabanza en una eternidad llena de alegría y paz. Pero ¡cuidado! La resurrección no consiste tan solo en renacer después de la muerte, sino en un nuevo tipo de vida que ya experimentamos en la actualidad. Es la victoria sobre la nada, que ya podemos empezar a saborear. ¡La resurrección es el fundamento de la fe y de la esperanza cristiana!

Espera el futuro viviendo el presente

Me gustaría recordar que, cuando fue encerrado en un campo de concentración, el cardenal Francisco Javier Nguyên van Thuân se negó a que sus días consistieran exclusivamente en aguardar un futuro. Optó por «vivir el momento presente colmándolo de amor» y lo hacía de la siguiente manera: «Aprovecho las ocasiones que se presentan cada día para realizar acciones ordinarias de manera extraordinaria». Mientras luchas para dar forma a tus sueños, vive plenamente el hoy, entrégalo todo y llena de amor cada momento. Porque es cierto que este día de tu juventud puede ser el último, así que vale la pena vivirlo con entusiasmo y con toda la profundidad posible.

VII

Ser esperanza

Todo guarda relación

Cuando el corazón está auténticamente abierto a una comunión universal, nada ni nadie queda excluido de esa fraternidad. Por consiguiente, es asimismo cierto que la indiferencia o la crueldad ante las demás criaturas de este mundo se traslada siempre de alguna manera al trato que reservamos a los seres humanos. Solo tenemos un corazón y la misma miseria que nos lleva a maltratar a un animal no tarda en manifestarse en la relación que mantenemos con las personas. El ensañamiento con cualquier criatura «es contrario a la dignidad humana». No podemos considerarnos personas que aman realmente si excluimos de nuestros intereses alguna parte de la realidad: «La paz, la justicia y la salvaguardia de la creación son tres temas totalmente interrelacionados, que no se pueden separar para ser tratados de forma individual sin caer de nuevo en el reduccionismo». Todo guarda relación y todos los seres humanos estamos unidos como hermanos y hermanas en una maravillosa peregrinación, entrelazados por el amor que Dios sien-

te por todas sus criaturas y que nos une también, con tierno
afecto, al hermano sol, a la hermana luna, al hermano río y a la
madre tierra.

¿Cómo no vamos a trabajar juntos?

A todos los cristianos nos une la fe en Dios, el Padre que nos
da la vida y nos ama tanto. Nos une la fe en Jesucristo, el único
Redentor, que nos liberó con su sangre bendita y su resurrección gloriosa. Nos une el deseo de su Palabra, que guía nuestros pasos. Nos une el fuego del Espíritu Santo, que nos invita
a la misión. Nos une el nuevo mandamiento que Jesús nos
dejó, la búsqueda de una civilización del amor, la pasión por
el Reino que el Señor nos llama a construir con Él. Nos une la
lucha en aras de la paz y la justicia. Nos une la convicción de
que no todo se termina en esta vida, sino que estamos llamados a la fiesta celestial donde Dios enjugará todas las lágrimas
y recogerá lo que hemos hecho por los que sufren.

Todo esto nos une. ¿Cómo no vamos a luchar juntos?
¿Cómo no vamos a orar juntos y a trabajar codo con codo para
mostrar el rostro santo del Señor y cuidar su obra creadora?

Construir nuestra casa común

El mundo es algo más que un problema por resolver, es un
misterio gozoso que contemplamos y alabamos con alegría. El
desafío urgente de proteger nuestra casa común incluye la

preocupación por unir a toda la familia humana en la búsqueda de un desarrollo sostenible e integral, porque sabemos que las cosas pueden cambiar. El Creador no nos abandona, nunca da marcha atrás en su proyecto de amor, no se arrepiente de habernos creado. La humanidad conserva la capacidad de colaborar para construir una casa común.

Transformaos en esperanza

Un chico y una chica que a ojos del mundo cuentan poco o nada, a ojos de Dios son también apóstoles del Reino, son una esperanza para Dios. Me gustaría preguntar con fuerza a los jóvenes: ¿queréis ser una esperanza para Dios? ¿Queréis ser portadores de esperanza? ¿Queréis ser una esperanza para la Iglesia?

Un corazón joven, que acoge el amor de Cristo, se transforma en esperanza para los demás, es una fuerza inmensa. Vosotros, los jóvenes, debéis transformarnos y transformaros en esperanza. Abrir las puertas a un mundo nuevo de esperanza. Esa es vuestra tarea.

Pensemos en lo que significa la multitud de jóvenes que encontraron a Jesús resucitado en la Jornada Mundial de la Juventud y que son portadores de su amor en la vida cotidiana, lo viven, lo comunican. No salen en los periódicos, porque no realizan actos violentos ni son motivo de escándalo, de manera que no son noticia. Pero si permanecen unidos a Jesús, si construyen su Reino, si construyen fraternidad y comparten y hacen obras de misericordia, constituyen una fuerza poderosa dedicada a transformar el mundo en un lugar más justo y hermoso, a convertirlo. Me gustaría preguntar ahora a los jóvenes: ¿tenéis valor para aceptar este desafío?

¿Os animáis a ser esta fuerza de amor y misericordia que tiene el valor de querer transformar el mundo?

Queridos amigos, la auténtica gran noticia de la historia, la Buena Nueva, aunque no aparezca en los periódicos ni en la televisión, es que Dios, que es nuestro Padre y que nos envió a su hijo Jesús para acercarse a cada uno de nosotros y salvarnos, nos ama.

Los que sufren, mediadores de luz

La luz de la fe no nos lleva a olvidarnos del sufrimiento del mundo. ¡Cuántos hombres y mujeres de fe han recibido luz de las personas que sufren! San Francisco de Asís, del leproso; la beata Madre Teresa de Calcuta, de sus pobres. Los dos comprendieron el misterio que encierran. Acercándose a ellos no les quitaron todos sus sufrimientos ni pudieron explicar los males que los aquejaban. La luz de la fe no disipa nuestras tinieblas, sino que, como una lámpara, guía nuestros pasos en la noche y eso basta para caminar. Al hombre que sufre Dios no le da un razonamiento que explique todo, sino que le responde con la presencia que acompaña, con una historia de bien que se une a cada historia dolorosa para abrir en ella un resquicio de luz. En Cristo, Dios mismo quiso compartir con nosotros ese camino y ofrecernos su mirada para darnos la luz. Cristo es aquel que, habiendo soportado el dolor, «inició y completa nuestra fe» (Heb 12, 2).

El sufrimiento nos recuerda que el servicio que presta la fe al bien común es siempre un servicio de esperanza, que mira adelante, consciente de que solo en Dios, en el futuro que viene de Jesús resucitado, puede encontrar nuestra sociedad cimientos sólidos y duraderos. En este sentido, la fe va de la mano de la esperanza, porque, aunque nuestra morada terrenal se destruye, existe una morada eterna que Dios inauguró en Cristo, en su cuerpo (2 Cor 4, 16-5, 5). El dinamismo de la fe, la esperanza y la caridad (1 Tes 1, 3; 1 Cor 13, 13) nos permite integrar así las preocupaciones de todos los hombres en nuestro camino hacia la ciudad «cuyo arquitecto y constructor iba a ser Dios» (Heb 11, 10), porque «la esperanza no defrauda» (Rom 5, 5).

¿Saldremos mejores?

Tenemos ante nosotros el deber de construir una realidad nueva. El Señor lo hará y nosotros podemos colaborar: «Mira, hago nuevas todas las cosas» (Ap 21, 5).

Cuando esta pandemia termine, no podremos continuar lo que estábamos haciendo ni en la manera en que lo estábamos haciendo. No, todo será diferente. Todo este sufrimiento no habrá servido para nada si no construimos juntos una sociedad más justa, más equitativa, más cristiana, no de boquilla, sino de verdad, una realidad que nos lleve a tener una conducta cristiana. Si no trabajamos para poner punto final a la pandemia de la pobreza en el mundo, a la pandemia de la pobreza en el país de cada uno de nosotros, en la ciudad donde vivimos, este tiempo habrá sido en vano.

De las grandes pruebas de la humanidad, y la pandemia es una de ellas, se sale mejor o peor, pero no igual.

Y ahora os pregunto: ¿cómo queréis salir vosotros? ¿Mejores o peores? Por eso hoy nos abrimos al Espíritu Santo, para que Él cambie nuestro corazón y nos ayude a salir mejores.

Si no vivimos para que se nos juzgue de acuerdo con las palabras de Jesús: «Porque tuve hambre y me disteis de comer, tuve sed y me disteis de beber, fui forastero y me hospedasteis, estuve en la cárcel y vinisteis a verme» (Mt 25, 35-36), no saldremos mejores.

Solo el amor acaba con el odio

Mientras Jesús, postrado en la cruz y a punto de morir, vive el momento más intenso de sufrimiento y amor, muchos, sin piedad, le espetan una cantilena: «Sálvate a ti mismo» (Mc 15, 30). Se trata de una tentación crucial, que nos acecha a todos, también a los cristianos: la tentación de salvarse uno mismo o a su grupo, de pensar únicamente en los propios problemas e intereses, indiferentes al resto del mundo. Es un instinto muy humano, pero perverso, y es el último desafío para el Dios crucificado.

Sálvate a ti mismo. En primer lugar lo dicen «los que pasaban» (v. 29). Era gente común, que había oído hablar a Jesús y lo había visto obrar milagros. Ahora le dicen: «Sálvate a ti mismo bajando de la cruz». No tenían compasión, solo deseaban que hiciera un milagro y verlo bajar de la cruz. Quizá también nosotros preferiríamos a veces un dios espectacular en lugar de compasivo, un dios poderoso a ojos del mundo, que se impone con la fuerza y derrota a los que nos odian. Pero eso no es Dios, es nuestro yo. ¡Cuántas veces deseamos un dios a nuestra medida, en lugar de amoldarnos a la medida de Dios! ¡Cuántas veces pedimos un dios como nosotros, en lugar de ser como Él! A la adoración de Dios preferimos el culto del yo. Ese culto crece y se alimenta de la *indiferencia hacia los demás*. De hecho, a los que pasaban solo les interesaba Jesús en la medida en que satisfacía sus deseos. Estaba ante sus ojos, pero lejos de su corazón. La indiferencia los alejaba del verdadero rostro de Dios.

Sálvate a ti mismo. En un segundo momento se presentan los sumos sacerdotes y los escribas. Los mismos que han condenado a Jesús porque lo consideran un peligro. Todos somos especialistas en crucificar a los demás para salvarnos. En cambio, Jesús permite que lo claven en la cruz para enseñarnos a no descargar el mal en nuestros semejantes. Los jefes religiosos lo acusan precisamente en relación con los demás: «A otros ha salvado y a sí mismo no se puede salvar» (v. 31). Conocen a Jesús, recuerdan la curación y las liberaciones que ha realizado y razonan con malicia: insinúan que salvar o auxiliar a los demás no implica ningún bien y que Él, que tanto se ha prodigado por los demás, se está perdiendo a sí mismo. La acusación es irónica y emplea términos religiosos, ya que en ella aparece en dos ocasiones el verbo «salvar». Pero el «evangelio» de salvarse uno mismo no es el Evangelio de la salvación. Es el evangelio apócrifo por excelencia, que arroja las cruces a los demás. En cambio, el auténtico Evangelio carga con las cruces ajenas.

Sálvate a ti mismo. Por último, los que han sido crucificados con Jesús se unen también al desafío. ¡Qué fácil es criticar, hablar mal de los otros, ver el mal en los demás y no en uno mismo, llegando incluso a descargar las culpas en los más débiles y marginados! Pero ¿por qué los crucificados se enfadan con Jesús? Porque no los libera de la cruz. Le dicen: «Sálvate a ti mismo y a *nosotros*» (Lc 23, 39). Solo buscan a Jesús para que los libre de sus dificultades, pero Dios no viene a sacarnos de los atolladeros, que siempre vuelven a presentarse, sino para salvarnos del auténtico problema, que es la ausencia de amor. Esta es la causa profunda de nuestros males personales, sociales, internacionales y ambientales. Pensar solo en sí mismo es el padre de todos los males. Al final, sin embargo, uno de los malhechores observa a Jesús y encuentra en Él el amor apacible. De esta forma, obtiene el paraíso haciendo una sola cosa: desplazando la atención de sí mismo hacia Jesús, de sí mismo hacia el que está a su lado (v. 42).

En el calvario tuvo lugar el gran duelo entre Dios, que había venido a salvarnos, y el hombre, que quiere salvarse a sí mismo; entre la fe en Dios y el culto al yo; entre el hombre que acusa y Dios que disculpa. Y Dios triunfó al final, su misericordia bajó al mundo. El perdón brotó en la cruz, en ella renació la fraternidad: «La cruz nos hace hermanos» (Benedicto XVI, *Palabras al final del viacrucis*, 21 de marzo de 2008). Los brazos de Jesús, abiertos en la cruz, marcan el cambio, porque Dios no apunta el dedo contra nosotros, sino que abraza a todos. Porque solo el amor acaba con el odio, solo el amor derrota a la injusticia. Solo el amor hace sitio al otro. Solo el amor es el camino para la plena comunión entre nosotros.

¡Poneos en camino!

Me gustaría decírselo en especial a los más jóvenes, quienes, en parte debido a la edad y la visión del futuro que se extiende ante ellos, saben ser abiertos y generosos. En ciertas ocasiones, las incógnitas, las preocupaciones por el futuro y la incertidumbre que corroe la cotidianidad pueden llegar a paralizar sus impulsos, a frenar sus sueños, al extremo de hacerles pensar que no vale la pena comprometerse y que el Dios de la fe cristiana limita su libertad. En cambio, queridos jóvenes, no tengáis miedo de salir de vosotros mismos y de poneros en camino. El Evangelio es la palabra que libera, transforma y embellece la vida.

Elegir siempre el horizonte

Las mujeres se adelantan para llevar el anuncio: Dios empieza siempre con las mujeres, siempre. Abren caminos. No dudan, lo saben: lo han visto, lo han tocado. También han visto el sepulcro vacío. Los discípulos no se lo creen y dicen: «Estas mujeres quizá son un poco fantasiosas...», dudan. Pero ellas están seguras y al final han seguido así hasta el día de hoy: Jesús ha resucitado, está vivo entre nosotros (Mt 28, 9-10).

Luego hay otro frente, el de los que piensan: cuántos problemas nos va a traer este sepulcro vacío. Y deciden ocultar el hecho. Sucede lo de siempre: cuando no servimos a Dios nuestro Señor, servimos al otro dios, al dinero. Recordemos lo que dijo Jesús: hay dos señores, el señor Dios y el señor dinero, y no se puede servir a los dos. Para evitar la evidencia, la realidad, los sacerdotes y los doctores de la ley optan por el otro camino, el que les ofrece el dios dinero: comprar el silencio (Mt 28, 12-13). El silencio de los testigos.

Nada más morir Jesús, uno de los guardias confesó: «Verdaderamente este hombre era Hijo de Dios» (Mc 15, 39). Pero los centinelas del sepulcro, pobrecillos, no entendían, tenían miedo, les iba la vida en ello. De manera que fueron a ver a los sacerdotes, a los doctores de la ley, y estos les pagaron. Pagaron a los centinelas para que declararan que los discípulos de Jesús habían robado su cuerpo. Pagaron el silencio. Y esto, queridos hermanos y hermanas, no es una simple mordida: esto es pura corrupción, corrupción en estado puro. Si tú no reconoces que Jesucristo es el Señor, piensa por qué lo haces: dónde está el sello de tu sepulcro, dónde está la corrupción. Es cierto que mucha gente no proclama a Jesús porque lo desconoce, porque nosotros no lo hemos anunciado con coherencia y eso es culpa nuestra. Pero, cuando se toma ese camino frente a la evidencia, se emprende el camino del diablo, el camino de la corrupción.

Que el Señor nos ayude siempre a elegir el anuncio tanto en nuestra vida personal como en la social, el anuncio que siempre es un horizonte abierto; que nos lleve a elegir el bien de la gente y nos ayude a no caer nunca en el sepulcro del dios dinero.

Un fuego que se renueva

Los adultos deben madurar sin perder los valores de la juventud, porque, en realidad, cada etapa de la vida es una gracia permanente, encierra un valor que no debe pasar. Una juventud bien vivida permanece como experiencia interior y se asume en la vida adulta, se profundiza y sigue dando sus frutos. Si es propio del joven sentirse atraído por el infinito que se abre e inicia, un riesgo de la vida adulta, con sus seguridades y comodidades, es acotar cada vez más ese horizonte y perder el valor propio de los años juveniles. Debería suceder justo lo contrario: madurar, crecer y organizar la propia vida sin perder la atracción, la amplia apertura, la fascinación por una realidad que siempre es algo más. En cualquier momento de la vida podremos renovar y acrecentar la juventud. Cuando empecé mi ministerio como papa, el Señor extendió mis horizontes y me regaló una juventud renovada. Lo mismo puede ocurrirle a un matrimonio de muchos años o a un monje en su monasterio. Ciertas cosas necesitan asentarse con los años, pero esa maduración puede convivir con un fuego que se renueva, con un corazón siempre joven.

Fracasos y logros en la familia

¡Cuántas familias viven angustiadas porque alguno de sus miembros —con frecuencia joven— es adicto al alcohol, la droga, el juego o la pornografía! ¡Cuántas personas han perdido el sentido de la vida, carecen de perspectivas de futuro y esperanza! Y cuántas personas se ven forzadas a esta miseria por unas condiciones sociales injustas, por falta de trabajo, que les priva de la dignidad que supone llevar el pan a casa, por la desigualdad en el derecho a la educación y la salud. En estos casos, la miseria moral es, sin duda, una suerte de suicidio incipiente. Esta forma de miseria, que es también causa de ruina económica, siempre guarda relación con la *miseria espiritual*, que padecemos cuando nos alejamos de Dios y rechazamos su amor. Si creemos no necesitar a Dios, que nos tiende la mano en Cristo, porque pensamos que podemos hacerlo todo solos, estamos tomando el camino del fracaso. Dios es el único que salva y libera de verdad.

Un proceso arduo hacia la convivencia

La acogida y la integración digna son etapas de un proceso nada fácil, que, en cualquier caso, es imposible afrontar erigiendo muros. Cuando escucho los discursos de algunos líderes de las nuevas formas de populismo siento miedo, porque me recuerdan a los que sembraban temor y odio en los años treinta del siglo pasado. Como he dicho, es impensable afrontar este proceso de acogida e integración erigiendo muros. De esa forma, cerramos las puertas a la riqueza de la que es portador el otro, que constituye siempre una ocasión de crecimiento. Cuando se rechaza el deseo de comunión inscrito en el corazón del hombre y en la historia de los pueblos, se obstaculiza el proceso de unificación de la familia humana, que avanza ya entre mil dificultades. Hace poco, un artista turinés me envió un cuadro elaborado con la técnica del pirograbado; la obra representa la fuga a Egipto y en ella aparece un san José menos tranquilo de lo que solemos ver en las imágenes, un san José con aspecto de refugiado sirio, con el Niño a hombros: el cuadro muestra, sin edulcorarlo, el dolor y el drama que vivió el niño Jesús cuando tuvo que huir a Egipto. El mismo drama que se está produciendo hoy.

Solo el diálogo permite el encuentro, la superación de los prejuicios y los estereotipos, la posibilidad de narrar y de conocernos mejor a nosotros mismos. El diálogo y la *camaradería*.

En este sentido, las nuevas generaciones pueden ser una oportunidad especial si se les asegura el acceso a los recursos y se encuentran en condiciones de convertirse en protagonistas de su camino: entonces pueden mostrarse como la linfa capaz de generar futuro y esperanza. Pero este resultado solo tendrá lugar allí donde la acogida no es superficial, sino sincera y benévola, practicada por todos y a todos los niveles, tanto en el plano cotidiano de las relaciones interpersonales como en el político e institucional, y promovida por los que hacen cultura y tienen una mayor responsabilidad frente a la opinión pública.

El amor es más fuerte que la degradación

Es cierto que la carencia extrema que se vive en ciertos ambientes que no poseen armonía, amplitud ni posibilidades de integración facilita la aparición de comportamientos inhumanos y la manipulación de las personas por parte de organizaciones criminales. Para los habitantes de barrios muy desfavorecidos, la experiencia cotidiana de pasar del hacinamiento al anonimato social que se vive en las grandes ciudades puede provocar una sensación de desarraigo que favorece los comportamientos antisociales y la violencia. En cualquier caso, quiero insistir en que el amor puede más. En estas condiciones, muchas personas son capaces de tejer lazos de pertenencia y de convivencia que transforman el hacinamiento en una experiencia comunitaria en que se quiebran las paredes del yo y se superan las barreras del egoísmo. Esta experiencia de salvación comunitaria es lo que a menudo genera reacciones creativas para mejorar un edificio o un barrio.

Todo está en transformación

Todo se transforma: el desierto florece, el consuelo y la alegría colman los corazones. Estas señales se cumplen en Jesús. Él mismo lo afirma respondiendo a los mensajeros que le envía san Juan Bautista. ¿Qué les dice Jesús a estos mensajeros? «Los ciegos ven y los cojos andan; los leprosos quedan limpios y los sordos oyen; los muertos resucitan» (Mt 11, 5). No son palabras, son hechos que demuestran que la salvación que nos trae Jesús abarca la totalidad del ser humano y lo regenera. Dios ha entrado en la historia para liberarnos de la esclavitud del pecado; ha instalado su tienda entre nosotros para compartir nuestra existencia, sanar nuestras llagas, vendar nuestras heridas y darnos una vida nueva. La alegría es el fruto de esta obra de salvación y amor divino. Estamos llamados a acoger el sentimiento de exultación, la alegría del corazón, la dicha interior que nos permite seguir adelante y nos da valor. ¡Un cristiano que no es alegre o que siente que le falta algo no es cristiano! El Señor viene, entra en nuestra vida para liberarnos, viene a redimirnos de todas las esclavitudes, tanto interiores como exteriores. Nos señala el camino de la fidelidad, de la paciencia y de la perseverancia, de forma que, cuando regrese, nuestra alegría sea plena.

Dios sana nuestras «memorias»

Es esencial recordar el bien recibido: si no lo hacemos, nos convertimos en extraños para nosotros mismos, en «transeúntes» de la existencia. Sin memoria nos desarraigamos del terreno que nos nutre y nos dejamos llevar como hojas por el viento. En cambio, recordar es apretar el nudo de los lazos más fuertes, sentirse parte de una historia, respirar con un pueblo. La memoria no es algo privado, es el camino que nos une a Dios y a los demás.

Pero hay un problema: ¿qué pasa si la cadena de transmisión del recuerdo se interrumpe? Por otra parte, ¿cómo se puede recordar lo que solo se conoce de oídas, sin haberlo experimentado? Dios sabe hasta qué punto es difícil, hasta qué punto es frágil nuestra memoria y por eso hizo algo inaudito para nosotros: nos dejó *un memorial*. No solo dejó palabras, porque es fácil olvidar lo que se oye. No solo nos dejó las Escrituras, porque es fácil olvidar lo que se lee. No solo nos dejó señales, porque también se puede olvidar lo que se ve. Nos dio un alimento, porque es difícil olvidar un sabor. Nos dejó un pan donde él está presente, vivo y verdadero, con todo el gusto de su amor. Al recibirlo podemos decir: «¡El Señor se acuerda de mí!». Por eso Jesús nos pidió: «Haced esto *en memoria mía*» (1 Cor 11, 24).

LA MEMORIA HUÉRFANA

El Señor sana ante todo nuestra memoria huérfana. Vivimos en una época de gran orfandad. Muchos tienen la memoria marcada por la carencia de afecto y por decepciones dolorosas, recibidas de aquellos que deberían haberles dado amor y que, en cambio, dejaron huérfano su corazón. Querrían volver atrás y cambiar el pasado, pero no es posible. Dios, en cambio, puede sanar esas heridas introduciendo en nuestra memoria un amor más grande: el suyo. La eucaristía nos concede el amor fiel del Padre, que cura nuestra orfandad. Nos regala el amor de Jesús, que transformó el sepulcro de un lugar de llegada a un lugar de partida, y que puede dar el mismo vuelco a nuestras vidas. Nos infunde el amor del Espíritu Santo, que consuela, que nunca nos deja solos y sana las heridas.

LA MEMORIA NEGATIVA

A través de la eucaristía, el Señor sana también nuestra memoria negativa, la negatividad que invade tantas veces nuestro corazón. El Señor sana la memoria negativa que siempre saca a flote lo que va mal y nos deja en la cabeza la triste idea de que no servimos para nada, de que solo cometemos errores, de que somos «desacertados». Jesús viene a decirnos que no es así. Él

se alegra de poder entrar en intimidad con nosotros y cada vez
que lo recibimos nos recuerda que somos preciosos: somos los
invitados de su banquete, los comensales que desea. Y no solo
porque Él es generoso, sino también porque nos ama de verdad:
ve y ama nuestra belleza y nuestra bondad. El Señor sabe que el
mal y los pecados no forman parte de nuestra verdadera identidad, que solo son enfermedades, infecciones. Y viene a sanarlos
con la eucaristía, que contiene anticuerpos para nuestra memoria enferma de negatividad. Con Jesús podemos inmunizarnos
contra la tristeza. Siempre tendremos ante nuestros ojos las
caídas, las fatigas, los problemas en casa y en el trabajo, los sueños frustrados, pero su peso ya no nos aplastará, porque Jesús
nos alienta con su amor en lo más profundo. Esa es la fuerza de
la eucaristía, que nos transforma en portadores de Dios: portadores de alegría, no de negatividad. Podemos preguntarnos,
nosotros, que vamos a misa, ¿qué transmitimos al mundo?
¿Nuestras tristezas, nuestras amarguras, o la alegría del Señor?
¿Hacemos la comunión y luego seguimos lamentándonos, cri-
ticando y compadeciéndonos de nosotros mismos? Eso no me-
jora nada. En cambio, la alegría del Señor cambia la vida.

LA MEMORIA CERRADA

Por último, la eucaristía sana nuestra *memoria cerrada*. Las
heridas que llevamos dentro no solo nos crean problemas a
nosotros, también a los demás. Nos vuelven temerosos y sus-
picaces: al principio cerrados, después cínicos e indiferentes.
Nos llevan a reaccionar ante los demás con desapego y arro-

gancia, engañándonos con la creencia de que así podemos controlar las situaciones. Pero eso es una falacia: solo el amor sana el miedo de raíz y nos libera de las cerrazones que nos aprisionan. Eso es lo que hace Jesús cuando nos sale al encuentro con dulzura, con la desarmante fragilidad de la hostia; eso hace Jesús, pan troceado para romper los caparazones de nuestros egoísmos; eso hace Jesús, que se entrega para decirnos que solo abriéndonos podemos liberarnos de los bloqueos interiores, de las parálisis del corazón.

Menos es más

La espiritualidad cristiana propone una manera alternativa de entender qué es la calidad de vida y anima a tener un estilo de vida profético y contemplativo, capaz de gozar profundamente sin obsesionarse por el consumo. Es importante incorporar una vieja enseñanza que está presente en varias tradiciones religiosas, además de en la Biblia. Se trata de la convicción de que *menos es más*. De hecho, la constante acumulación de posibilidades de consumo distrae al corazón e impide apreciar cada cosa y cada momento. En cambio, estar serenamente presentes en cada realidad, por pequeña que sea, nos abre muchas más posibilidades de comprensión y de realización personal. La espiritualidad cristiana propone un crecimiento sobrio, capaz de disfrutar con poco. Es un retorno a la sencillez que nos permite detenernos a valorar lo pequeño, agradecer las posibilidades que nos regala la vida sin aferrarnos a lo que tenemos ni entristecernos por lo que no poseemos.

Caminando juntos se llega lejos

Hay que invertir en la salud, en el trabajo, en la desaparición de las desigualdades y de la pobreza. Hoy más que nunca necesitamos una mirada llena de humanidad: no podemos volver a perseguir nuestro éxito sin preocuparnos por los que se han quedado rezagados. Y, a pesar de que muchos harán eso, el Señor nos pide que cambiemos de rumbo. El día de Pentecostés, Pedro dijo con la *parresia* del Espíritu: «Convertíos» (Hch 2, 38), es decir, cambiad de dirección, invertid el sentido de la marcha. Necesitamos volver a caminar hacia Dios y hacia el prójimo, pero no separados ni anestesiados frente al grito de los olvidados y del planeta herido. Necesitamos estar unidos para hacer frente a las pandemias que nos azotan: la del virus, sí, pero también el hambre, las guerras, el desprecio de la vida y la indiferencia. Solo llegaremos lejos caminando juntos.

La justicia y otras virtudes

Os invito a todos a involucraros, no solo en el compromiso exterior con los demás, sino también en el trabajo que debemos realizar en nuestro interior, en nuestra conversión personal. ¡Esta es la única justicia que genera justicia!

Pero la justicia no es suficiente, es necesario que vaya acompañada de las otras virtudes, sobre todo de las cardinales, las fundamentales, que son: la prudencia, la fortaleza y la templanza.

La prudencia nos brinda la capacidad de distinguir lo verdadero de lo falso y nos permite dar a cada uno lo suyo.

La templanza constituye un elemento de moderación y equilibrio en la valoración de los hechos y las situaciones, y nos concede la libertad de decidir de acuerdo con nuestra conciencia.

La fortaleza nos permite superar las dificultades que nos salen al encuentro resistiendo tanto a las presiones como a las pasiones.

Lo que ignora el mundano

El mundano ignora, mira hacia otro lado cuando hay problemas de enfermedad o dolor en su familia o alrededor de él. El mundo no quiere llorar: prefiere ignorar las situaciones dolorosas, taparlas, ocultarlas. Se dedican muchas energías a escapar de las situaciones donde está presente el sufrimiento, creyendo que es posible disimular la realidad.

La persona que ve las cosas tal y como son permite que el dolor la atraviese y llora en su corazón, es capaz de llegar a las profundidades de la vida y de ser auténticamente feliz. Esa persona recibe consuelo, pero no el consuelo del mundo, sino el de Jesús. De esa forma, se atreve a compartir el sufrimiento ajeno y deja de huir de las situaciones dolorosas. Gracias a ello, descubre que la vida tiene sentido cuando se socorre a otro en su dolor, cuando se comprende la angustia ajena y se conforta a los demás. Esa persona siente que el otro es carne de su carne, no teme acercarse a él hasta tocar su herida, se compadece hasta sentir que las distancias se anulan. Así es posible acoger la exhortación de san Pablo: «Llorad con los que lloran» (Rom 12, 15).

Saber llorar con los demás, esto es santidad.

La revolución de la ternura

Cuando pensamos en los ancianos y hablamos de ellos, sobre todo en la dimensión pastoral, tenemos que aprender a modificar un poco los tiempos verbales. En su caso, no existe solo el pasado, como si solo tuvieran una vida a sus espaldas y un archivo enmohecido. No. Quizá el Señor quiera escribir con ellos páginas nuevas, páginas de santidad, de servicio y de oración. Hoy quiero deciros que los ancianos también *son el presente y el mañana de la Iglesia*. ¡Sí, también son el futuro de una Iglesia que profetiza y sueña con los jóvenes! Por eso es tan importante que los ancianos y los jóvenes hablen entre ellos, es muy importante.

La profecía de los ancianos se realiza cuando la luz del Evangelio entra plenamente en su vida; cuando, al igual que Simeón y Ana, cogen en brazos a Jesús y anuncian la *revolución de la ternura*, la buena noticia del que ha venido al mundo para traer la luz del Padre.

La naturaleza está llena de palabras de amor

La naturaleza está llena de palabras de amor, pero ¿cómo podemos escucharlas en medio del ruido constante, de la distracción permanente y ansiosa o del culto de la apariencia? Muchas personas experimentan un profundo desequilibrio que las mueve a hacer las cosas a toda velocidad para sentirse ocupadas, en una prisa constante que a su vez las lleva a atropellar todo lo que las rodea. Esto incide en la manera en que se

trata el medioambiente. Una ecología integral exige que dedi-
quemos un poco de tiempo a recuperar la serena armonía con
la creación, a reflexionar sobre nuestro estilo de vida y nuestros ideales, a contemplar al Creador, que vive entre nosotros
y en lo que nos rodea, y cuya presencia no debe ser fabricada,
sino descubierta y develada.

Estamos hablando de una actitud del corazón, que vive
todo con sosegada atención, que sabe estar plenamente presente ante el otro sin pensar en lo que viene después, que se entrega en cada momento como un don divino que debe vivirse en
plenitud. Jesús nos enseñaba esta actitud cuando nos invitaba
a contemplar los lirios del campo y los pájaros del cielo o cuando, en presencia de un hombre inquieto, «se quedó mirándolo,
lo amó» (Mc 10, 21). Él sí que estaba plenamente presente ante
cualquier ser humano y criatura, y así nos mostró el camino
para superar la ansiedad enfermiza que nos vuelve superficia-
les, agresivos y unos consumistas desenfrenados.

VIII

Para regalar la sonrisa

¡Aprecia todo!

La sobriedad, vivida con libertad y conciencia, es liberadora. No significa vivir menos ni con poca intensidad, sino todo lo contrario. En realidad, los que más disfrutan y viven mejor cada momento son los que dejan de picotear aquí y allí, buscando siempre lo que no tienen, y experimentan lo que significa apreciar a cada persona y a cada cosa, aprenden a familiarizarse y a gozar con lo más simple. De esta forma, logran reducir las necesidades frustradas y también el cansancio y la obsesión. Es posible necesitar poco y vivir mucho, sobre todo si somos capaces de desarrollar otros placeres y de encontrar satisfacción en los encuentros fraternales, en el servicio, en el despliegue de los carismas, en la música y el arte, en el contacto con la naturaleza, en la oración. La felicidad requiere saber limitar algunas necesidades que nos aturden para poder estar a disposición de las numerosas posibilidades que la vida nos ofrece.

Necesitamos misericordia

Todos somos deudores. Todos. De Dios, que es tan generoso, de nuestros hermanos. Cada persona que sabe que no es el padre o la madre que debería ser, el esposo o la esposa, el hermano o la hermana. Todos estamos «en déficit» en la vida y necesitamos misericordia. Sabemos que también nosotros hemos hecho el mal, que al bien que deberíamos haber hecho siempre le falta algo.

¡Pero es justo esa pobreza la que se convierte en fuerza para perdonar! Somos deudores y, dado que se nos mide como medimos a los demás (Lc 6, 38), nos conviene aumentar la magnitud y perdonar las deudas. Todos debemos recordar que necesitamos perdonar, que necesitamos el perdón, que necesitamos la paciencia. Este es el secreto de la misericordia: *perdonando somos perdonados*. Por eso Dios se adelanta a nosotros y nos perdona en primer lugar (Rom 5, 8). Recibiendo su perdón nos volvemos capaces de perdonar. De esta manera, la propia miseria e injusticia se transforman en una ocasión para abrirse al reino de los cielos, a una medida mayor, la medida de Dios, que es misericordia.

Tantos santos ocultos entre nosotros

Pensemos en los hombres y mujeres que tienen una vida difícil, que luchan para sacar adelante a su familia, para educar a sus hijos; si son capaces de hacer todo eso es porque el espíritu de fortaleza los ayuda. Cuántos hombres y mujeres desconocidos honran a nuestro pueblo y a nuestra Iglesia porque son fuertes, fuertes para sacar adelante su vida, su familia, su trabajo, su fe. Nuestros hermanos y hermanas son santos, santos en la cotidianidad, santos ocultos entre nosotros: tienen precisamente el don de la fortaleza para cumplir con su deber como personas, padres, madres, hermanos, hermanas, ciudadanos. ¡Son tantos! Demos las gracias al Señor por esos cristianos de santidad oculta. ¡El Espíritu Santo que habita en su interior los empuja a seguir adelante! Pensar en ellos puede sernos de ayuda, porque, si ellos hacen todo eso, si ellos pueden hacerlo, ¿por qué no nosotros? También nos ayudará pedir al Señor el don de la fortaleza.

Una alegría inconcebible

El Señor fue a ver a sus discípulos después de resucitar. Ellos sabían que había resucitado, también Pedro lo sabía, porque había hablado con Él esa mañana. Los dos que habían regresado de Emaús lo sabían, pero cuando el Señor se les apareció se asustaron: «Aturdidos y llenos de miedo».

Habían vivido la misma experiencia en el lago, cuando Jesús se acercó a ellos caminando sobre las aguas, pero, por aquel entonces, Pedro, haciéndose el valiente, había retado al Señor y le había dicho: «Señor, si eres tú, mándame ir a ti sobre el agua» (Mt 14, 28). En esta ocasión, en cambio, Pedro guardaba silencio, había hablado con el Señor esa mañana, y nadie sabía lo que se habían dicho, por eso callaba. Los demás estaban aterrorizados, confusos, creían estar viendo un fantasma, y Jesús les dijo: «¿Por qué os alarmáis?, ¿por qué surgen dudas en vuestro corazón? Mirad mis manos y mis pies...», les enseña las llagas (cfr. Lc 24, 38-39). Las llagas, el tesoro que Jesús se llevó al cielo para enseñárselo al Padre e interceder por nosotros. «Palpadme y daos cuenta de que un espíritu no tiene carne y huesos». Luego dijo una frase que a mí me consuela mucho y por ese motivo este es uno de mis pasajes favoritos del Evangelio: «Pero como no acababan de creer por la alegría» (Lc 24, 41); no acababan de creer y estaban llenos de estupor: la alegría les impedía creer. Era tanta y tan grande la alegría que se decían: «No, esto no puede ser verdad. Esta alegría no es real, es demasiada alegría». Estaban rebosantes de alegría, pero paralizados por ella.

Cojeando, ¡pero entraré!

En una ocasión oí decir a un hombre anciano, buen hombre y buen cristiano, aunque también pecador, que confiaba plenamente en Dios: «Dios me ayudará, no me dejará solo. Entraré en el paraíso, cojeando, pero entraré».

No dejemos que nos roben la esperanza

Unida a la fe y la caridad, la esperanza nos proyecta hacia un futuro cierto, que se coloca en una perspectiva diferente respecto a las propuestas ilusorias de los ídolos mundanos, pero que da un nuevo impulso y un nueva fuerza a la vida cotidiana. No dejemos que nos roben la esperanza, no permitamos que se frustre con soluciones y propuestas inmediatas que nos obstruyen el camino, que «fragmentan» el tiempo, convirtiéndolo en espacio. El tiempo siempre es superior al espacio. El espacio cristaliza los procesos, en cambio el tiempo proyecta hacia el futuro y nos invita a caminar con esperanza.

Quien nos pide todo nos da todo

Cuando escrutamos ante Dios los caminos de la vida, no queda excluido ningún espacio. Podemos seguir creciendo y ofrecer a Dios algo más en cualquier ámbito de la existencia, incluso en aquellos en que vivimos las mayores dificultades. Pero es necesario pedir al Espíritu Santo que nos libere y que expulse el miedo que nos lleva a vedarle la entrada en varios aspectos de nuestra vida. El que pide todo da también todo y no quiere entrar en nosotros para mutilarnos ni debilitarnos, sino para proporcionarnos la plenitud. Así comprendemos que el discernimiento no es un autoanálisis presuntuoso ni una introspección egoísta, sino una auténtica salida de nosotros mismos hacia el misterio de Dios, que nos ayuda a vivir la misión a la que nos ha llamado por el bien de nuestros hermanos.

El doble movimiento

Para mantenernos físicamente vivos debemos respirar, una acción que realizamos sin darnos cuenta, de forma automática. Para seguir vivos en el pleno y amplio sentido de la palabra, debemos aprender también a respirar espiritualmente mediante la oración y la meditación, en un movimiento interno en el que escuchamos a Dios, que nos habla en las profundidades de nuestro corazón. Además, necesitamos un movimiento externo para acercarnos a los demás con actos de amor y servicio. Este doble movimiento nos permite crecer y reconocer, no solo que Dios nos ha amado, sino también que nos ha confiado a todos una misión, una vocación única, que descubrimos en la medida en que nos damos a los demás, a personas concretas.

Se acabó el miedo

El secreto de una buena existencia es amar y entregarse por amor. De esta manera, se encuentra fuerza para «sacrificarse con alegría» y el compromiso más exigente se convierte en una fuente de júbilo aún mayor. Dejan de asustar las decisiones vitales definitivas y aparecen con su verdadera luz, como una manera de realizar plenamente la propia libertad.

Señor, concédeme la gracia de mejorar

La conversión, cambiar el corazón, es un proceso que nos purifica del sarro moral. Y a veces es un proceso doloroso, porque no hay camino hacia la santidad sin algún tipo de renuncia y sin lucha espiritual. Luchar por el bien, luchar para no caer en la tentación, poner de nuestra parte lo que podamos, para llegar a vivir en la paz y la alegría de las bienaventuranzas. La vida cristiana no está hecha de sueños y hermosas aspiraciones, sino de compromisos concretos, para abrirnos siempre a la voluntad de Dios y al amor para con nuestros hermanos. Pero esto, incluso el más pequeño de los compromisos concretos, no se puede llevar a cabo sin la gracia. La conversión es una gracia que debemos pedir siempre: «Señor, concédeme la gracia de mejorar. Concédeme la gracia de ser un buen cristiano».

Tener encendida la lámpara de la esperanza

La esperanza cristiana no es simplemente un deseo, una expectativa, no es optimismo: para un cristiano, la esperanza es espera, espera ferviente y apasionada del cumplimiento último y definitivo de un misterio, el misterio del amor de Dios en el que hemos renacido y vivimos ya. Y es espera de alguien que va a llegar: Cristo Señor, que cada vez está más cerca de nosotros, día a día, y que viene a introducirnos por fin en la plenitud de su comunión y su paz. Así pues, la Iglesia tiene la tarea de mantener encendida y bien visible la lámpara de la esperanza para que pueda seguir resplandeciendo como señal segura de salvación y pueda iluminar para toda la humanidad el sendero que conduce al encuentro con el rostro misericordioso de Dios.

Este es el pacto

Educar no consiste solo en transmitir conceptos, esta es una herencia de la Ilustración que hay que superar, es decir, no se trata de comunicar exclusivamente conceptos, sino de una tarea que requiere que todos los que participan en ella —la familia, la escuela, las instituciones sociales, culturales y religiosas— lo hagan de forma solidaria. En este sentido, en algunos países se dice que se ha roto el pacto educativo, porque falta esta participación social en la educación. Para educar es necesario tratar de integrar el lenguaje de la cabeza con el del corazón y las manos. Que el alumno piense lo que siente y lo que hace, sienta lo que piensa y lo que hace, haga lo que siente y lo que piensa. Que sea una integración total. Hay que promover el aprendizaje de la cabeza, el corazón y las manos, la educación intelectual y socioemocional, la transmisión de los valores y de las virtudes individuales y sociales, la enseñanza de una ciudadanía comprometida y solidaria con la justicia. Impartiendo las habilidades y los conocimientos que forman a los jóvenes para el mundo del trabajo y la sociedad, las familias, las escuelas y las instituciones se convierten en vehículos esenciales del empoderamiento de la próxima generación. De ser así, ya no cabe hablar de la ruptura del pacto educativo. Este es el pacto.

Quienquiera que seas puedes ser santo

Algunos piensan que la santidad consiste en cerrar los ojos y poner cara de estampa religiosa. ¡No! ¡Eso no es la santidad! La santidad es algo mucho más grande y profundo que Dios nos concede. Es más, estamos llamados a ser santos viviendo con amor y ofreciendo el propio testimonio cristiano en las ocupaciones cotidianas, cada uno en las condiciones y en el estado de vida en que se encuentre.

Pero tú ¿estás consagrado, estás consagrada?

Sé santo viviendo con alegría tu entrega y tu ministerio.

¿Estás casado?

Sé santo amando y cuidando de tu marido o de tu mujer, como Cristo hizo con la Iglesia.

¿Estás bautizado, pero no casado?

Sé santo cumpliendo con honradez y competencia tu trabajo y dedicando tiempo a servir a tus hermanos. «Pero, padre, trabajo en una fábrica, trabajo como contable, siempre haciendo números, así no se puede ser santo...». «Sí, ¡sí que se puede! Puedes santificarte donde trabajas. Dios te concede la gracia de santificarte, Dios se comunica contigo». Es posible ser santo en cualquier momento y lugar, podemos abrirnos a esta gracia que trabaja en nuestro interior y nos conduce a la santidad.

¿Eres padre o abuelo?

Sé santo enseñando con pasión a tus hijos o a tus nietos a conocer y a seguir a Jesús. Esto requiere mucha paciencia; para ser un buen padre, una buena madre, un buen abuelo o una buena abuela se necesita mucha paciencia, pero gracias a esa paciencia alcanzamos la santidad, ejercitándola.

¿Eres catequista, educador o voluntario?

Sé santo convirtiéndote en una señal visible del amor de Dios y de su presencia junto a nosotros.

Como veis, cualquier estado de vida conduce a la santidad, ¡siempre! En casa, en la calle, en el trabajo, en la Iglesia, en este momento y sea cual sea tu vida el camino hacia la santidad está abierto. No os desaniméis al emprender este camino. Dios nos otorga la gracia. Lo único que nos pide el Señor es que estemos en comunión con Él y al servicio de nuestros hermanos.

Pero, al final, ¿qué es la salvación?

La salvación es el encuentro con Jesús, que nos quiere, nos perdona y nos envía al Espíritu para que nos consuele y nos defienda. La salvación no es el fruto de nuestras iniciativas misioneras ni de nuestros razonamientos sobre la encarnación del Verbo. La salvación individual solo puede ocurrir en la perspectiva del encuentro con Él, que nos llama. Por este motivo, el misterio de la predilección se inicia y solo puede iniciarse con un impulso de alegría, de gratitud. La alegría del Evangelio, la «inmensa alegría» de las pobres mujeres que la mañana de Pascua fueron al sepulcro de Cristo y lo encontraron vacío, y que luego fueron las primeras en ver a Jesús resucitado y corrieron a decírselo a los demás (Mt 28, 8-10). Solo así el hecho de ser elegidos y predilectos puede dar testimonio, con nuestras vidas, de la gloria de Cristo resucitado.

Gestos que siembran la paz

Santa Teresa de Lisieux nos invita a seguir el pequeño camino del amor, a no perder la oportunidad de decir una palabra amable, de sonreír, de hacer cualquier pequeño gesto que siembre la paz y la amistad. La ecología integral también se compone de los sencillos gestos cotidianos con los que rompemos la lógica de la violencia, del aprovechamiento y del egoísmo. Y viceversa, el mundo del consumo exacerbado es también el mundo del maltrato de la vida en cualquiera de sus formas.

No tengas miedo de la santidad

No tengas miedo de la santidad. No te quitará fuerzas, vida ni alegría. Todo lo contrario, porque llegarás a ser lo que el Padre pensó cuando te creó y serás fiel a tu ser. La dependencia de Él nos libera de las esclavitudes y nos lleva a reconocer nuestra dignidad.

Los pequeños detalles del amor

Recordemos que Jesús invitaba a sus discípulos a prestar atención a los detalles. El pequeño detalle de que se estaba acabando el vino en una fiesta. El pequeño detalle de que faltaba una oveja. El pequeño detalle de la viuda que ofreció sus dos monedas. El pequeño detalle de tener aceite de repuesto para las lámparas por si el novio se demora. El pequeño detalle de pedir a los discípulos que miraran cuántos panes había. El pequeño detalle de tener una hoguera preparada y un pescado en la parrilla mientras esperaba a sus discípulos de madrugada. La comunidad que preserva los pequeños detalles del amor, aquella en la que sus miembros cuidan unos de otros y forman un espacio abierto y evangelizador, es el lugar donde está presente el Resucitado, que la va santificando según el proyecto del Padre.

La oración de intercesión es amor por el prójimo

La súplica es expresión del corazón que confía en Dios, que sabe que solo no puede. En la vida del pueblo fiel de Dios encontramos mucha súplica llena de ternura creyente y de profunda confianza. No quitemos valor a la oración en la que se pide, que tantas veces nos serena el corazón y nos ayuda a seguir luchando con esperanza. La súplica de intercesión tiene un valor especial, porque es un acto de confianza en Dios y al mismo tiempo una expresión de amor por el prójimo. Algunos, movidos por prejuicios espiritualistas, piensan que la oración debería ser pura contemplación de Dios, sin distracciones, como si los nombres y las caras de nuestros hermanos fueran una perturbación que debemos evitar. Lo cierto es que Dios agradecerá más la oración y esta nos santificará más si en ella, por la intercesión, intentamos vivir el doble mandamiento que nos dejó Jesús. La intercesión expresa nuestro compromiso fraterno con los otros cuando somos capaces de incluir en ella sus vidas, sus angustias más perturbadoras y sus mejores sueños. De aquel que intercede con generosidad se puede decir con las palabras bíblicas: «Este es el que ama a sus hermanos, el que ora mucho por el pueblo» (2 Mac 15, 14).

Caminamos con alegría

Al final nos encontraremos cara a cara frente a la infinita belleza de Dios (1 Cor 13, 12) y podremos comprender con feliz admiración el misterio del universo, que participará con nosotros en la plenitud infinita. Sí, estamos viajando hacia el sábado de la eternidad, hacia la nueva Jerusalén, hacia la casa común del cielo. Jesús nos dice: «Mira, hago nuevas todas las cosas» (Ap 21, 5). La vida eterna será un asombro compartido, donde cada criatura, luminosamente transformada, ocupará su lugar y tendrá algo que aportar a los pobres definitivamente liberados.

Entretanto, nos unimos para hacernos cargo de esta casa que se nos confió, conscientes de que lo bueno que hay en ella será integrado en la fiesta celestial. Junto a todas las criaturas caminamos por esta tierra buscando a Dios, porque «si el mundo tiene un principio y ha sido creado, busca al que lo ha creado, busca al que le ha dado inicio, a su Creador». Caminemos cantando. Que nuestras luchas y nuestra preocupación por este planeta no nos quiten el gozo de la esperanza.

Dios, que nos llama a una entrega generosa y a darlo todo, nos ofrece las fuerzas y la luz que necesitamos para seguir adelante. En el corazón de este mundo sigue presente el Señor de la vida que tanto nos ama. Él no nos abandona, no nos deja solos, porque está definitivamente unido a nuestra tierra y su amor siempre nos lleva a encontrar nuevos caminos. Alabado sea.

Si te dejas querer

Si consigues apreciar con el corazón la belleza de este anuncio y dejas que el Señor se encuentre contigo; si te dejas amar y salvar por Él; si entablas amistad con Él y empiezas a conversar con Cristo vivo sobre las cosas concretas de tu vida, esta será la gran experiencia, será la experiencia fundamental que sostendrá tu vida cristiana.

Los santos de la puerta de al lado

Me gusta ver la santidad en el pueblo paciente de Dios: en los padres que crían con tanto amor a sus hijos, en los hombres y mujeres que trabajan para llevar el pan a casa, en los enfermos, en las religiosas ancianas que no dejan de sonreír. En esta constancia para seguir adelante día a día veo la santidad de la Iglesia militante. Esa es, en muchas ocasiones, la santidad «de la puerta de al lado», de aquellos que viven cerca de nosotros y son un reflejo de la presencia de Dios o, usando otra expresión, «la clase media de la santidad».

Recibamos el estímulo de las señales de santidad que el Señor nos presenta a través de los miembros más humildes del pueblo que participa también en la tarea profética de Cristo difundiendo por todas partes su testimonio vivo, sobre todo mediante una vida de fe y caridad. Pensemos, como nos sugiere santa Teresa Benedicta de la Cruz, que la verdadera historia se construye gracias a muchos de ellos: «En la noche más oscura surgen los mayores profetas y los santos, pero la corriente vivificante de la vida mística permanece invisible. Los acontecimientos decisivos de la historia del mundo han recibido sin duda una influencia esencial de las almas que no aparecen en los libros de historia. Solo sabremos quiénes son las almas a las que debemos agradecer los acontecimientos decisivos de nuestra vida personal el día en que se revele todo lo que está oculto».

Cuidar todo lo que existe

Francisco es el ejemplo por excelencia del cuidado de aquello que es débil y de la ecología integral vivida con alegría y autenticidad. Es el santo patrono de todos los que estudian y trabajan en el ámbito de la ecología, amado también por muchos que no son cristianos. Francisco prestó una atención especial a la creación de Dios y a los más pobres y abandonados. Amaba y era amado por su alegría, por su entrega generosa, por su corazón universal. Era un místico y un peregrino que vivía con sencillez en una armonía maravillosa con Dios, con los demás, con la naturaleza y consigo mismo. En él se advierte hasta qué punto son inseparables la preocupación por la naturaleza, la justicia con los pobres, el compromiso con la sociedad y la paz interior.

Su testimonio nos muestra también que la ecología integral exige una apertura hacia categorías que trascienden el lenguaje de las matemáticas o de la biología y nos conectan con la esencia del ser humano. Al igual que sucede cuando nos enamoramos de una persona, cada vez que Francisco miraba el sol, la luna o los animales más pequeños, su reacción era cantar y hacer partícipes de su alabanza a todas las criaturas. Él entraba en comunión con toda la creación y predicaba incluso a las flores, «a las que invitaba a alabar y amar a Dios como seres dotados del don de la razón». Su reacción era mucho más que una valoración intelectual o un cálculo económico, porque para él cualquier criatura era hermana y estaba unida a él con vínculos de afecto. Por eso se sentía llamado a cuidar todo lo que existe.

Para regalar una sonrisa

La amabilidad es una liberación de la crueldad que a veces permea las relaciones humanas, de la ansiedad que nos impide pensar en los demás, de la urgencia distraída que ignora que los otros también tienen derecho a ser felices. En la actualidad es raro encontrar tiempo y energías disponibles para detenerse a tratar bien a los demás, para decir «¿se puede?», «perdón», «gracias». Pero de vez en cuando se produce el milagro de encontrar una persona amable, que deja a un lado sus ansiedades y sus urgencias para prestar atención, para regalar una sonrisa, para pronunciar una palabra de aliento o para crear un espacio de escucha en medio de tanta indiferencia. Vivido día a día, este esfuerzo es capaz de crear esa convivencia sana que vence las incomprensiones y previene los conflictos. El cultivo de la amabilidad no es un detalle secundario ni una actitud superficial o burguesa. Dado que supone estima y respeto, cuando se implanta como cultura en una sociedad transforma en lo más profundo el estilo de vida, las relaciones sociales, la manera de debatir y de confrontar las ideas. Facilita la búsqueda de consenso y abre caminos donde la exacerbación destruye todos los puentes.

La esperanza transforma el desierto en un jardín

La verdadera historia no es la que hacen los poderosos, sino *la que hace Dios con sus pequeños*. La verdadera historia, la que pervivirá eternamente, es la que escribe Dios *con sus pequeños*. Los pequeños y humildes que encontramos en el nacimiento de Jesús: Zacarías e Isabel, ancianos y marcados por la esterilidad; María, una joven virgen, esposa de José; los pastores, que eran despreciados e insignificantes. Son los pequeños, engrandecidos por la fe, *los pequeños que saben seguir esperando*. La esperanza es la virtud de los pequeños. Los grandes, los satisfechos, desconocen la esperanza, no saben lo que es.

Aprendamos la esperanza. Aguardemos confiados la llegada del Señor y, sea cual sea el desierto de nuestras vidas —cada uno sabe por qué desierto camina—, se convertirá en un jardín florido. ¡La esperanza no decepciona!

El camino de la verdadera felicidad

Siempre nos reconforta leer y meditar las bienaventuranzas. Jesús las proclamó en su primer gran sermón a orillas del lago de Galilea. Se había formado una gran multitud y Él subió a una colina para predicar a sus discípulos, por eso se conoce como el «sermón de la montaña». En la Biblia, la montaña es el lugar donde Dios se revela, de manera que Jesús, al predicar en la colina, aparece como un maestro divino, como el nuevo Moisés. Pero ¿qué nos dice? Jesús nos muestra el camino de la vida, el camino que Él mismo recorre, mejor dicho, el camino que es en realidad, y lo propone como el camino *de la verdadera felicidad*.

Al proclamar las bienaventuranzas, Jesús nos invita a seguirlo, a recorrer con Él el camino del amor, el único que conduce a la vida eterna. No es un camino fácil, pero el Señor nos asegura su gracia y nunca nos deja solos. En nuestra vida están presentes la pobreza, la aflicción, la humillación, la lucha por la justicia, los esfuerzos de la conversión cotidiana, el combate que implica vivir la llamada a la santidad, las persecuciones y muchos otros desafíos. Pero si abrimos la puerta a Jesús, si dejamos que Él entre en nuestra historia, si compartimos con Él las alegrías y los dolores, sentiremos una paz y una dicha que solo Dios, que es amor infinito, puede dar.

La alegría de la oración

MIS ORACIONES

Madre, ayuda nuestra fe

¡Madre, ayuda nuestra fe!
Abre nuestro oído a la Palabra, para que reconozcamos la voz
de Dios y su llamada.
Aviva en nosotros el deseo de seguir sus pasos, saliendo de
nuestra tierra y confiando en su promesa.
Ayúdanos a dejarnos tocar por su amor, para que podamos
tocarlo en la fe.
Ayúdanos a fiarnos plenamente de él, a creer en su amor,
sobre todo en los momentos
de tribulación y de cruz, cuando nuestra fe es llamada a
crecer y a madurar.
Siembra en nuestra fe la alegría del Resucitado.
Recuérdanos que quien cree no está nunca solo.
Enséñanos a mirar con los ojos de Jesús, para que
Él sea luz en nuestro camino.
Y que esta luz de la fe crezca continuamente en nosotros,
hasta que llegue el día sin ocaso,
que es el mismo Cristo, tu Hijo, nuestro Señor.

La salud de los enfermos

Oh, María,
tú resplandeces siempre en nuestro camino
como signo de salvación y esperanza.
Nosotros nos encomendamos a Ti, salud de los enfermos,
que ante la Cruz fuiste asociada al dolor de Jesús
manteniendo firme tu fe.
Tú, salvación del pueblo romano,
sabes lo que necesitamos
y estamos seguros de que proveerás
para que, como en Caná de Galilea,
pueda regresar la alegría y la fiesta
después de este momento de prueba.
Ayúdanos, Madre del Divino Amor,
a conformarnos a la voluntad del Padre
y a hacer lo que nos dirá Jesús,
que ha tomado sobre sí nuestros sufrimientos
y ha tomado sobre sí nuestros dolores
para llevarnos, a través de la Cruz,
a la alegría de la resurrección.
Amén.

Madre de la vida

Madre de la vida,
en tu seno materno se formó Jesús,
que es el Señor de todo lo que existe.

Resucitado, Él te transformó con su luz
y te hizo reina de toda la creación.
Por eso te pedimos que reines, María,
en el corazón palpitante de la Amazonia.
Muéstrate como madre de todas las criaturas,
en la belleza de las flores, de los ríos,
del gran río que la atraviesa
y de todo lo que vibra en sus selvas.
Cuida con tu cariño esa explosión de belleza.
Pide a Jesús que derrame todo su amor
en los hombres y mujeres que allí habitan,
para que sepan admirarla y cuidarla.
Haz nacer a tu hijo en sus corazones,
para que brille en la Amazonia,
en sus pueblos y en sus culturas,
con la luz de su palabra, con el consuelo de su amor,
con su mensaje de fraternidad y justicia.
Que en cada eucaristía
se eleve también tanta maravilla
para la gloria del Padre.
Madre, mira los pobres de la Amazonia,
porque su hogar está siendo destruido
por intereses mezquinos.
¡Cuánto dolor y cuánta miseria,
cuánto abandono y cuánto atropello
en esta tierra bendita,
desbordante de vida!
Toca la sensibilidad de los poderosos,
porque, aunque sentimos que ya es tarde,

nos llamas a salvar
lo que todavía vive.
Madre del corazón traspasado,
que sufres en tus hijos ultrajados
y en la naturaleza herida,
reina tú en la Amazonia
con tu hijo.
Reina para que nadie más se sienta ya dueño
de la obra de Dios.
En ti confiamos, Madre de la vida,
no nos abandones
en esta hora oscura.
Amén.

Oración común por la Tierra y la humanidad

Dios amoroso,
Creador del cielo, de la Tierra y de todo lo que hay en ella.
Abre nuestras mentes y toca nuestros corazones para que
podamos ser parte de la creación, tu don.
Hazte presente ante los necesitados en estos tiempos difíciles,
especialmente ante los más pobres y los más vulnerables.
Ayúdanos a mostrar una solidaridad creativa al afrontar las
consecuencias de esta pandemia global. Haznos valientes
para abrazar los cambios encaminados a la búsqueda del bien
común. Ahora más que nunca, que podamos sentir que todos
estamos interconectados y somos interdependientes.
Haz posible que escuchemos y respondamos al grito de la

Tierra y de los pobres. Que los sufrimientos actuales puedan ser dolores de parto de un mundo más fraternal y sostenible. Bajo la mirada amorosa de María Auxiliadora, te lo pedimos por Cristo Nuestro Señor. Amén.

La vergüenza, el arrepentimiento y la esperanza

Señor Jesús, nuestra mirada se dirige a ti, llena de vergüenza, arrepentimiento y esperanza.

Que nos llene, ante tu amor supremo, la vergüenza por haberte dejado solo sufriendo por nuestros pecados; la vergüenza de haber huido frente a la prueba a pesar de haberte dicho mil veces: «Aunque todos te dejen, yo nunca te dejaré»; la vergüenza de haber elegido a Barrabás y no a ti, al poder y no a ti, a la apariencia y no a ti, al dios dinero y no a ti, a la mundanidad y no a la eternidad; la vergüenza por haberte tentado con la boca y el corazón cada vez que nos hemos encontrado frente a una prueba diciéndote: «Si eres el Mesías, sálvate y creeremos»; la vergüenza porque muchas personas, incluso algunos de tus ministros, se han dejado engañar por la ambición y por la gloria vanidosa perdiendo su dignidad y su primer amor; la vergüenza porque nuestras generaciones están dejando a los jóvenes un mundo fracturado por las divisiones y las guerras; un mundo devorado por el egoísmo donde los jóvenes, los niños, los enfermos y los ancianos están marginados; la vergüenza por haber perdido la vergüenza;

Señor Jesús, ¡concédenos siempre la gracia de la santa
vergüenza! Nuestra mirada también está llena de un
arrepentimiento que ante tu *silencio elocuente* suplica tu
misericordia: el arrepentimiento que brota de la certeza de
que solo Tú puedes salvarnos del mal, solo Tú puedes curar
nuestra lepra de odio, de egoísmo, de soberbia, de avaricia,
de venganza, de codicia, de idolatría, solo Tú puedes volver a
abrazarnos dándonos otra vez la dignidad filial y alegrarte
por nuestro regreso a casa, a la vida;

el arrepentimiento que florece del sentir nuestra pequeñez,
nuestra nada, nuestra vanidad, y que se deja acariciar por tu
invitación suave y poderosa a la conversión;

el arrepentimiento de David, que desde el abismo de su
miseria encuentra en ti su única fuerza; el arrepentimiento
que nace de nuestra vergüenza, que nace de la certeza
de que nuestro corazón quedará siempre inquieto hasta
que te encuentre y encuentre en ti su única fuente
de plenitud y sosiego;

el arrepentimiento de Pedro que, al encontrar tu mirada,
lloró amargamente por haberte negado delante de los
hombres. Señor Jesús, ¡concédenos siempre la gracia del
santo arrepentimiento! Frente a tu majestad suprema se
enciende, en la oscuridad de nuestra desesperación, la llama
de la esperanza, porque sabemos que tu única medida de
amarnos es amarnos sin medida;

la esperanza porque tu mensaje sigue inspirando, todavía
hoy, a muchas personas y pueblos haciéndoles creer que solo
el bien puede vencer al mal y a la maldad, que solo el perdón
puede derribar al rencor y a la venganza, que solo el abrazo

fraternal puede dispersar la hostilidad y el miedo al otro;
la esperanza porque tu sacrificio sigue emanando, todavía
hoy, el perfume del amor divino que acaricia los corazones
de muchos jóvenes, que siguen dedicándote sus vidas
y convirtiéndose en ejemplos de caridad y gratuidad
en este mundo devorado por la lógica de la ganancia
y del dinero fácil;
la esperanza porque muchos misioneros y misioneras siguen
desafiando, todavía hoy, la *conciencia dormida* de la
humanidad y arriesgando su vida para servirte en los pobres,
los descartados, los inmigrantes, los invisibles, los
explotados, los hambrientos y los presos;
la esperanza porque tu Iglesia, santa y formada por
pecadores, sigue siendo, a pesar de todos los intentos
por desacreditarla, una luz que ilumina, anima, alivia y
atestigua tu amor ilimitado por la humanidad, un modelo
de altruismo, un arca de salvación y una fuente de
certeza y verdad;
la esperanza porque de tu cruz, fruto de la avaricia y la
cobardía de tantos doctores de la Ley e hipócritas, brotó
la resurrección que transformó las tinieblas de la tumba
en el fulgor del alba del domingo sin ocaso, enseñándonos
que *tu amor es nuestra esperanza*.
Señor Jesús, ¡concédenos siempre la gracia de la santa
esperanza! Hijo del hombre, ayúdanos a despojarnos de la
arrogancia del ladrón que se encontraba a tu izquierda,
de los miopes y de los corruptos que vieron en ti
una oportunidad que explotar, un condenado al que
criticar, un vencido del que burlarse, una nueva

ocasión para echar sobre los otros, incluso sobre Dios, sus culpas.

Hijo de Dios, te pedimos en cambio que nos identifiquemos con el *buen ladrón*, que te miró con ojos llenos de vergüenza, de arrepentimiento y de esperanza; que, con los ojos de la fe vio en tu aparente derrota la victoria divina y así se arrodilló ante tu misericordia y ¡con honradez *robó el paraíso*! ¡Amén!

Las cruces del mundo

Señor Jesús, ayúdanos a ver en tu cruz todas las cruces del mundo:
la cruz de las personas hambrientas de pan y amor;
la cruz de las personas solas y abandonadas por sus hijos y parientes;
la cruz de las personas sedientas de justicia y paz;
la cruz de las personas que no tienen el consuelo de la fe;
la cruz de los ancianos que se arrastran bajo el peso de los años y la soledad;
la cruz de los emigrantes que encuentran las puertas cerradas a causa del miedo y de los corazones blindados por los cálculos políticos;
la cruz de los pequeños, heridos en su inocencia y en su pureza;
la cruz de la humanidad que vaga en la oscuridad de la incertidumbre y de la cultura de lo momentáneo;
la cruz de las familias rotas por la traición, por las seducciones del maligno y por la ligereza homicida del egoísmo;

la cruz de los consagrados que, con el tiempo, han olvidado
su primer amor;

la cruz de tus hijos que, al creer en ti y tratar de vivir según
tu palabra, se ven marginados e ignorados incluso por sus
familias y compañeros;

la cruz de nuestras debilidades, de nuestras hipocresías, de
nuestras traiciones, de nuestros pecados y de nuestras
muchas promesas rotas;

la cruz de tu Iglesia que, fiel a tu Evangelio, tiene dificultades
para llevar tu amor incluso entre los bautizados;

la cruz de tu Iglesia, tu esposa, que se siente continuamente
atacada desde dentro y desde fuera;

la cruz de nuestra casa común, que se marchita seriamente
bajo nuestros ojos egoístas
y cegados por la codicia y el poder.

Señor Jesús, reaviva en nosotros la esperanza de la
resurrección
y de tu victoria definitiva contra todo mal y toda
muerte.

¡Amén!

Gracias

Gracias, Señor, por estar con nosotros.

Gracias, Señor, por compartir nuestros dolores.

Gracias, Señor, por darnos esperanza.

Gracias, Señor, por tu gran misericordia.

Gracias, Señor, porque quisiste ser como uno de nosotros.

Gracias, Señor, porque siempre estás cerca de nosotros,
incluso en los momentos de cruz.
Gracias, Señor, por darnos la esperanza.
¡Señor, que no nos roben la esperanza!
Gracias, Señor, porque en el momento más oscuro de tu vida,
cuando estabas en la cruz, te acordaste de nosotros y nos
dejaste una madre.
Gracias, Señor, por no dejarnos huérfanos.

Oración por la Tierra

Dios omnipotente,
que estás presente en todo el universo
y en la más pequeña de tus criaturas,
Tú que rodeas con tu ternura todo lo que existe,
derrama en nosotros la fuerza de tu amor
para que cuidemos la vida y la belleza.
Inúndanos de paz, para que vivamos como hermanos y
hermanas
sin dañar a nadie.
Dios de los pobres,
ayúdanos a rescatar
a los abandonados y olvidados de esta tierra
que tanto valen a tus ojos.
Sana nuestras vidas,
para que seamos protectores del mundo
y no depredadores,
para que sembremos hermosura

y no contaminación y destrucción.
Toca los corazones
de todos los que solo buscan beneficios
a costa de los pobres y de la Tierra.
Enséñanos a descubrir el valor de cada cosa,
a contemplar admirados,
a reconocer que estamos profundamente unidos
con todas las criaturas
en nuestro camino hacia tu luz infinita.
Gracias porque estás con nosotros todos los días.
Aliéntanos, por favor, en nuestra lucha
por la justicia, el amor y la paz.

Oración cristiana por la creación

Te alabamos, Padre, con todas tus criaturas,
que salieron de tu mano poderosa.
Son tuyas,
y están llenas de tu presencia y tu ternura.
Alabado seas.
Hijo de Dios, Jesús,
por ti fueron creadas todas las cosas.
Te formaste en el seno materno de María,
te hiciste parte de esta Tierra,
y miraste el mundo con ojos humanos.
Hoy estás vivo en cada criatura
con tu gloria de resucitado.
Alabado seas.

Espíritu Santo, que con tu luz
orientas este mundo hacia el amor del Padre
y acompañas el gemido de la creación,
tú vives también en nuestros corazones
para impulsarnos a hacer el bien.
Alabado seas.
Señor Uno y Trino,
comunidad preciosa de amor infinito,
enséñanos a contemplarte
en la belleza del universo,
donde todo nos habla de ti.
Despierta nuestra alabanza y nuestra gratitud
por cada ser que has creado.
Danos la gracia de sentirnos íntimamente unidos
con todo lo que existe.
Dios de amor, enséñanos nuestro lugar en este mundo
como instrumentos de tu cariño
por todos los seres de esta Tierra,
porque ninguno de ellos ha sido olvidado por ti.
Ilumina a los dueños del poder y del dinero
para que se guarden del pecado de la indiferencia,
amen el bien común, promuevan a los débiles
y cuiden del mundo que habitamos.
Los pobres y la tierra están clamando:
Señor, tómanos con tu poder y tu luz,
para proteger toda vida,
para preparar un futuro mejor,
para que venga tu Reino
de justicia, de paz, de amor y de hermosura.

Alabado seas.
Amén.

Para pedir la gracia de estar atentos al grito de los pobres

Dios, Padre de misericordia y de todo bien,
te damos gracias por el don de la vida
y del carisma de santa Madre Teresa.
En tu gran providencia la llamaste
a dar testimonio de tu amor
entre los más pobres de la India y del mundo.
Ella supo hacer el bien a los más necesitados,
porque reconoció en cada hombre y mujer
el rostro de tu Hijo.
Dócil a tu Espíritu,
se convirtió en la voz orante de los pobres
y de todos aquellos que tienen hambre y sed de justicia.
Acogiendo el grito de Jesús desde la cruz,
«Tengo sed»,
Madre Teresa sació
la sed de Jesús en la cruz
cumpliendo las obras de amor misericordioso.
Santa Madre Teresa,
madres de los pobres,
pedimos tu especial intercesión y tu ayuda aquí,
en la ciudad de tu nacimiento,
donde estaba tu casa.

Aquí recibiste el don del nuevo nacimiento
en los sacramentos de la iniciación cristiana.
Aquí escuchaste las primeras palabras de la fe
en tu familia y en la comunidad de fieles.
Aquí comenzaste a ver
y a conocer a los necesitados,
a los pobres y a los pequeños.
Aquí aprendiste de tus padres a querer
a los más necesitados y ayudarlos.
Aquí, en el silencio de la iglesia,
oíste la llamada de Jesús, que te invitaba a seguirlo
como religiosa en las misiones.
Desde aquí te rogamos: intercede ante Jesús
para que también nosotros obtengamos la gracia
de estar vigilantes al grito de los pobres,
de aquellos que están privados de sus derechos,
de los enfermos, de los marginados, de los últimos.
Que Él nos conceda la gracia de verlo
en los ojos de quien nos mira
porque nos necesita.
Que nos dé un corazón que sepa amar a Dios
presente en cada hombre y mujer,
y que sepa reconocerlo en aquellos
que están afligidos por el sufrimiento y la injusticia.
Que nos conceda la gracia de ser también nosotros
signo de amor y esperanza en nuestro tiempo,
en el que existen tantos necesitados, abandonados,
marginados y emigrantes.
Que haga que nuestro amor no sea solo de palabra,

sino que sea eficaz y verdadero,
para que podamos dar testimonio creíble a la Iglesia,
que tiene el deber
de predicar el Evangelio a los pobres,
la liberación a los prisioneros,
la alegría a los tristes
y la gracia de la salvación a todos.
Santa Madre Teresa, ruega por esta ciudad,
por este pueblo, por su Iglesia
y por todos los que quieren seguir a Cristo
como discípulos suyos, del Buen Pastor,
realizando obras de justicia, de amor,
de misericordia, de paz y de servicio,
como Él, que no vino para ser servido,
sino para servir y dar la vida por muchos,
Cristo nuestro Señor.
Amén.

Tu grito, Señor

«Dios mío, Dios mío, ¿por qué me has abandonado?»
(Mt 27, 46).
Tu grito, Señor, no deja de resonar
y hace eco en estas paredes, que recuerdan los padecimientos
vividos por tantos hijos de este pueblo.
Los lituanos y los procedentes de diferentes naciones
han sufrido en su carne el delirio de omnipotencia
de los que pretendían controlarlo todo.

En tu grito, Señor, encuentra eco el grito del inocente
que se une a tu voz y se eleva hacia el cielo.
Es el Viernes Santo del dolor y de la amargura,
de la desolación y de la impotencia,
de la crueldad y del sinsentido
[que vivió este pueblo lituano]
frente a la ambición desenfrenada que endurece y ciega el
corazón.
En este lugar de la memoria, te imploramos,
Señor, que tu grito nos mantenga despiertos.
Que tu grito, Señor, nos libre de la enfermedad espiritual
a la que siempre estamos tentados como pueblo:
olvidarnos de nuestros padres, de lo que vivieron y
padecieron.
Que en tu grito y en la vida de nuestros mayores,
que tanto sufrieron, encontremos la valentía
para comprometernos decididamente con el presente y con el
futuro;
que aquel grito nos anime a no amoldarnos a las modas de
turno,
a los eslóganes simplificadores y todo intento de reducir
y privar a cualquier persona de la dignidad con la que
Tú la revestiste.
Señor, que nuestra tierra [Lituania] sea un faro de
esperanza.
Que sea la tierra de la memoria hacendosa
que renueva el compromiso contra toda injusticia.
Que promueva intentos creativos en defensa de los derechos
de todas las personas,

sobre todo de las más indefensas y vulnerables.

Y que sea maestra en la reconciliación y armonización de las diferencias.

Señor, no permitas que seamos sordos al grito de todos los que siguen clamando al cielo.

Oración del buen humor de santo Tomás Moro

Concédeme, Señor, una buena digestión
y también algo que digerir.
Concédeme la salud del cuerpo
con el buen humor necesario para mantenerla.
Concédeme, Señor, un alma santa
que sepa aprovechar lo que es bueno y puro,
y que no se asuste ante el pecado,
sino que encuentre la manera de poner las cosas de nuevo en orden.
Concédeme un alma que desconozca el aburrimiento,
las murmuraciones, los suspiros y los lamentos,
y no permitas que sufra excesivamente
por ese ser tan voluminoso llamado «yo».
Concédeme, Señor, sentido del humor.
Concédeme la gracia de comprender las bromas,
para que conozca en la vida un poco de alegría
y pueda comunicársela a los demás.
Así sea.

Apéndice

LA SONRISA EN LA TORMENTA

Entrevista de Gian Marco Chiocci
a su santidad el papa Francisco

Un hilo de voz acompañado por una sonrisa. «Buenos días, bienvenido...». El santo padre me recibe así en las estancias vaticanas donde ha aceptado responder a las preguntas que tanto están sacudiendo a la Iglesia, preocupando a los cardenales, angustiando a los fieles y dividiendo a los profesionales, que lo alaban o lo critican dependiendo de la parroquia a la que pertenecen.

Reunirse con un papa no es algo que suceda todos los días, provoca unas emociones raras, intensas, muy fuertes, incluso si el anfitrión hace todo lo posible para que su invitado se encuentre, no solo a sus anchas, sino también —y esto es verdaderamente paradójico— al mismo nivel. Hablar con él en una habitación vacía, con dos sillas, una mesa y un crucifijo, mientras fuera se desborda el miedo a la pandemia y aumenta el deseo de esperanza y fe frente a lo desconocido, una fe que, según algunos, se estaría perdiendo a causa de los escándalos, el derroche, las revoluciones de Francisco e incluso el virus. El papa abordará estos temas en la conversación.

La ocasión es sobre todo útil para poner punto final a la antigua cuestión moral que se plantea entre las paredes del otro lado del Tíber y que el papa no duda en definir como «un viejo mal que se transmite y se transforma a lo largo de los siglos», pero que cada uno de sus predecesores, unos más, otros menos, han intentado erradicar con los medios y las personas con los que podían contar en ese momento. «Por desgracia, la corrupción es una historia cíclica, se repite, en cierto momento aparece alguien que limpia y pone en orden las cosas, pero luego todo vuelve a empezar y, una vez más, solo cabe esperar que surja otro con intención de terminar con esta degeneración».

Sin duda, en la vida milenaria de la Iglesia no se recuerda un papa así, tan valiente, al que no le importa enemistarse con la poderosa curia romana y con el mundo de los negocios que la corteja: Francisco está decidido a acabar con los eclesiásticos propensos a poner el dinero («los primeros padres lo llamaban el estiércol del diablo, también san Francisco», dice) por encima de la cruz.

Coherente con el precepto franciscano, el vicario de Cristo lleva a cabo lo que ninguno ha tenido la fuerza de hacer para que la Iglesia sea de verdad una casa de cristal, transparente, como era en sus orígenes, consagrada a los últimos, al pueblo. No obstante, según el credo de Francisco, en una Iglesia para los pobres, más misionera, no hay espacio para el que se enriquece o enriquece a sus amigos vistiendo la sotana de forma indigna.

«La Iglesia es y sigue siendo fuerte, pero la corrupción es un problema profundo y muy antiguo. Al principio de mi pontificado visité a Benedicto. Mientras me pasaba las consignas, me entregó una caja grande: "Aquí dentro está todo —me dijo—, están los documentos sobre las situaciones más difíciles, yo he llegado hasta aquí, he intervenido en este caso, he alejado a estas personas, ahora te toca a ti". Así pues, lo único que he hecho ha sido tomar el testigo del papa Benedicto, he continuado su obra». Ah, sí, Benedicto XVI. Un relato tradicionalista y conservador describe a un papa emérito permanentemente en guerra con el reinante y viceversa: desacuerdos, disgustos, asperezas, diferencias en la visión de todo y todos, tramas solapadas y chismorreo.

¿Es cierto? El santo padre calla unos segundos y luego sonríe: «Benedicto es para mí un padre y un hermano, cuando le escribo una carta le digo "filial y fraternalmente". Voy a visitarlo a menudo ahí arriba (señala con el dedo el monasterio Mater Ecclesiae, que está justo a espaldas de San Pedro, *N. del A.*), y si últimamente lo veo algo menos es porque no quiero que se fatigue. Nuestra relación es realmente buena, muy buena, estamos de acuerdo sobre lo que hay que hacer. Benedicto es un hombre bueno, es la santidad en persona. No existen problemas entre nosotros, así que cada uno puede decir y pensar lo que le parezca. Imagínese que han llegado a contar que Benedicto y yo habíamos reñido por la tumba que nos correspondía, a él y a mí».

El pontífice retoma el hilo del discurso partiendo de lejos, recuerda cuando llegó al umbral de San Pedro y lo que pensaba entonces sobre los males materiales de la Iglesia, nada que ver respecto a lo que después encontró al hundir las manos en la gestión opaca de las finanzas vaticanas, el óbolo de San Pedro, la imprudencia de ciertas inversiones en el extranjero, el activismo poco caritativo de ciertos pastores de almas convertidos en lobos hambrientos de rentas.

Bergoglio evoca a san Ambrosio, el obispo, teólogo y santo romano, para sintetizar sus directrices: «La Iglesia siempre ha sido una *casta meretrix*, una pecadora. Mejor dicho, parte de ella, porque la gran mayoría avanza en sentido contrario, hacia el buen camino. No obstante, es innegable que ciertos personajes de diferente carácter y espesor, eclesiásticos y falsos amigos laicos de la Iglesia, han contribuido a disipar el patrimonio mobiliario e inmobiliario de los fieles, no del Vaticano. Me impresiona el pasaje del Evangelio donde el Señor nos pide que elijamos entre seguir a Dios o al dinero. Jesús dijo que no es posible correr detrás de los dos».

De san Ambrosio el papa pasa a su abuela, que daba buenos consejos: «No era teóloga, desde luego, pero a los niños siempre nos decía que el diablo entra por los bolsillos. Tenía razón». Cuánta razón tenía también la viejecita que conoció en un inmenso barrio de chabolas de Buenos Aires el día en que murió Juan Pablo II: «Iba en un autobús —recuerda Francisco—, me dirigía hacia una favela, cuando, de repente, oí la noticia que estaba dando la vuelta al mundo. Durante la misa pedí que rezáramos por el papa difunto. Una vez terminada la celebración, se me acercó una mujer muy pobre y me pregunto cómo se elegía al papa. Le hablé de la fumata blanca, de los cardenales, del cónclave. Ella me interrumpió y me dijo: "Oiga, Bergoglio, cuando sea papa recuerde que lo primero que tiene que hacer es comprarse un perrito". Le respondí que era difícil que llegara a serlo y que, de ser así, por qué debía comprar un perro. "Porque, cada vez que se siente a la mesa —me respondió—, podrá darle primero un pedacito a él y luego, si ve que no le pasa nada, podrá comer usted"».

¿Es eso lo que piensa la gente del Vaticano, que la situación está fuera de control, que puede suceder de todo? «Era, claro, una exageración —me ataja el santo padre—. Pero mostraba la idea que el pueblo de Dios, los más pobres del mundo, tenían de la casa del Señor, un lugar marcado por heridas profundas, luchas intestinas y malversaciones».

El combate público y sin excepciones contra el hampa vaticano que se está librando en estos tiempos nos transmite la imagen de un pontífice muy concreto, firme, decidido, un héroe solitario alabado por las multitudes, pero acosado por un enemigo invisible. Un papa que aparece solo en los palacios del pequeño Estado, pero que no está solo, porque tiene a su lado a la casi totalidad de los que acatan la fe y los devotos. Francisco arquea las cejas, abre lentamente los brazos buscando al mismo tiempo la mirada de su huésped. Son unos segundos interminables.

«Será lo que el Señor quiera. ¿Si estoy solo? Lo he pensado y he llegado a la conclusión de que existen dos tipos de soledad: uno puede decir me siento solo porque quien debería colaborar no colabora, porque quien debería ensuciarse las manos por el prójimo no lo hace, porque no siguen mi línea o por otras cosas por el estilo. Esta es, digamos, una soledad funcional. Después existe una soledad sustancial, que no siento, porque conozco mucha gente que se arriesga por mí, que pone su vida en juego, que lucha convencida porque sabe que tenemos razón y que el camino que hemos emprendido es el correcto, a pesar de los mil obstáculos y de las naturales resistencias. Se han dado ejemplos de deshonestidad y engaños que duelen a los que creen en la Iglesia. Esas personas no son, desde luego, monjas de clausura».

Su santidad reconoce que no sabe si vencerá o no la batalla, pero, con afectuosa determinación, asegura estar convencido de una cosa: «Sé que debo hacerlo, he sido llamado a hacerlo, después será el Señor el que diga si lo he hecho bien o mal. Si he de ser franco, no soy muy optimista (sonríe, N. del A.), pero confío en Dios y en los hombres fieles a Él. Recuerdo que cuando estaba en Córdoba rezaba, confesaba y escribía. Un día, fui a la biblioteca a buscar un libro y encontré seis volúmenes sobre la historia de los papas y entre mis antiquísimos predecesores descubrí varios ejemplos no muy edificantes».

En la actualidad, la mejor defensa de los enemigos jurados del papa consiste en atacarlo evocando al que, confían, no tardará en ocupar su lugar. Una especie de liberación y resurrección para un pontificado que se considera ya archivado

porque resulta demasiado fragmentador, políticamente incorrecto e ideológicamente a favor de una sola parte.

Bergoglio habla con ironía sobre las apuestas acerca del
próximo papa, que son objeto de numerosos rumores: «Yo
también pienso en el que vendrá después de mí, soy el primero en hablar de él. No hace mucho, durante uno de los exámenes médicos rutinarios, los médicos me dijeron que uno de
ellos se podía hacer todos los años o cada cinco. Les dije: "Hagámoslo todos los años, nunca se sabe" (esta vez la sonrisa es
más amplia, N del A.)».

El papa Bergoglio escucha con atención las críticas que se
le han dirigido en estos tiempos, no parece irritado por la de-
claración del cardenal Ruini («criticar al papa no significa estar
contra él»), parece tener presentes cada una de las polémicas,
desde las uniones civiles al acuerdo con China. Reflexiona
unos segundos y, al final, expresa una idea completa: «No sería
sincero e insultaría su inteligencia si le dijera que las críticas
no me afectan. A nadie le gustan, sobre todo cuando son bofe-
tadas en la cara, cuando duelen porque se dicen con mala fe o
malignidad. Pero, con la misma convicción, le digo que las
críticas pueden ser constructivas, de manera que acepto todas,
porque la crítica me empuja a examinarme, a hacer un examen
de conciencia, a preguntarme si me he equivocado, dónde y
por qué ha ocurrido, si lo he hecho bien o mal, si podría haberlo hecho mejor. El papa escucha todas las críticas y después
trata de discernir, de comprender cuáles son benévolas y cuáles no. Este discernimiento orienta mi trayectoria en relación

con todo y con todos. En este sentido —prosigue el papa Francisco—, sería importante tener una comunicación honesta que revelase lo que está sucediendo realmente en el interior de la Iglesia. Además, si es cierto que debo inspirarme en la crítica para mejorar, no puedo, desde luego, hacer caso de todo lo negativo que escriben sobre el papa».

Antes de que pueda elaborar la siguiente pregunta, el santo padre anticipa la respuesta: «No creo que exista una sola persona, dentro y fuera de aquí, que se oponga a extirpar la mala hierba de la corrupción. No existen estrategias especiales, el esquema es banal, sencillo, consiste en avanzar sin detenerse, es necesario dar pequeños pasos, pero estos deben ser concretos. Los resultados actuales son fruto de una reunión de hace cinco años en la que debatimos la manera de poner al día el sistema judicial; luego, tras las primeras averiguaciones, tuve que eliminar posiciones y resistencias, se excavó en las finanzas, tuvimos nuevos encuentros en el IOR. En fin, he tenido que cambiar muchas cosas y otras tantas no tardarán en cambiar».

Sin perder de vista la presunción de inocencia para todos los que han acabado o acabarán siendo investigados por los tribunales vaticanos, cualquiera puede ver el bien que está haciendo Francisco caminando por el borde del abismo de la inmoralidad, tan difundida en ciertos sectores eclesiásticos. Nos preguntamos y, con algo de timidez, preguntamos al santo padre si tiene miedo. Esta vez, la contestación es más comedida. El silencio se hace interminable, parece estar buscando las palabras adecuadas. Parece. «¿Por qué debería tener miedo? —se pregunta y nos pregunta el santo padre—. No temo las consecuencias que puedan producirse contra mí, no temo nada, actúo en nombre y por cuenta de nuestro Señor. ¿Soy un inconsciente? ¿Debería ser más cauto? No sé qué decir, me guían el instinto y el Espíritu Santo, me guía el amor de mi maravilloso pueblo de fieles a Jesucristo. Además, rezo, rezo mucho, todos debemos hacerlo en este momento tan difícil, por todo lo que está ocurriendo en el mundo».

El coronavirus se ha vuelto a instalar entre nosotros acompañado de la inquietud, los muertos y el miedo. El sumo pontífice toma la palabra y no la suelta, habla casi como si te hubiera agarrado la mano, como jamás imaginarías que puede hacer el pastor en la Tierra de la Iglesia universal. «Son días de gran incertidumbre, rezo mucho, estoy muy muy cerca de los que sufren por motivos de salud, pero no solo». Se refiere a los famosos héroes, a los «santos de la puerta de al lado», como los llamó hace dos semanas después de la cita global del 27 de marzo, cuando estaba solo en la plaza de San Pedro, bajo la lluvia, orando por el final de la pandemia a los pies del crucifijo inundado por las lágrimas que caían del cielo. «Santo padre —le preguntamos—, hay previstos nuevos confinamientos y se habla de restricciones al culto, ¿es posible que eso repercuta en la Iglesia?».

«No quiero entrar en las decisiones políticas, pero le voy a contar una historia que me ha disgustado: un obispo ha afirmado que la gente se ha "desacostumbrado" con esta pandemia —esas fueron justo sus palabras— a ir a la iglesia, que no volverá a arrodillarse delante de un crucifijo ni a recibir el cuerpo de Cristo. Yo digo que si esa "gente", como la llamó el obispo, venía a la iglesia por costumbre, entonces es mejor que se quede en casa. El Espíritu Santo llama a la gente. Es posible que después de esta dura prueba, con las nuevas dificultades y el sufrimiento presente en los hogares, los fieles sean más verdaderos, más auténticos. Será así, créame».

Ciudad del Vaticano, 30 de octubre de 2020

Fuentes

II. SOÑAR CON LA BELLEZA

Quien no sabe jugar no es una persona madura: Diálogo con los estudiantes, 20 de diciembre de 2019

Todos hemos recibido un sueño: Christus vivit, 192-195

Amar la verdad, buscar la belleza: Encuentro con los jóvenes, 31 de marzo de 2014

La armonía de las diferencias: Homilía, 27 de octubre de 2013

Hermosos caminos de amor: Discurso, 25 de octubre de 2013

Si los ancianos no sueñan, los jóvenes no ven: Christus vivit, 192-195

El Espíritu Santo es armonía: Homilía, 19 de mayo de 2013

La soledad buena y la soledad mala: Diálogo con los estudiantes, 20 de diciembre de 2019

Ni ansiedad ni inseguridad: Christus vivit, 142

Salir de uno mismo: Christus vivit, 164

No olvides tu dignidad: Laudato si', 205

La belleza del pan compartido: Christus vivit, 183

El dolor y el consuelo: Audiencia general, 26 de febrero de 2014

Un sueño en común: Discurso, 24 de enero de 2019

III. POR QUÉ DIOS ES ALEGRE

Como una estrella que en mí cintila: Lumen fidei, 4

No ser murciélago en las tinieblas: Homilía, 21 de abril de 2020

No envejecer antes de tiempo: Christus vivit, 166

La mano tendida de Dios: Encuentro con los médicos. Viaje apostólico a Tailandia y Japón, 21 de noviembre de 2019

Antorchas en la hora oscura: Discurso, 30 de enero de 2020

¿Qué podemos hacer?: Videomensaje con ocasión del evento Thy Kingdom Come, 31 de mayo de 2020

Reza por el don de la esperanza: Homilía, 6 de noviembre de 2016

La sonrisa que nace en nuestro interior: Audiencia general, 7 de diciembre de 2016

El valor del llanto: Discurso, 18 de enero de 2015

Abramos de par en par las puertas del consuelo: Homilía, 1 de octubre de 2016

Dios siempre da el primer paso: Ángelus, 6 de enero de 2014

Cuando estamos enfermos conocemos a Dios «con los ojos»: Mensaje para el día del enfermo, 2015

La esperanza es como un yelmo: Audiencia general, 1 de febrero de 2017

¿Por qué Dios es alegre?: Ángelus, 15 de septiembre de 2013

El miedo es mal consejero: Encuentro con los jóvenes, 31 de marzo de 2014

Del «sí mismo» al «sí»: Regina coeli, 26 de abril de 2020

El Espíritu Santo hace maravillas: Homilía, 21 de abril de 2020

Fuera de los espacios restringidos: Ángelus, 9 de febrero de 2020

Sin Ti, la noche: Regina coeli, 26 de abril de 2020

Cristianos sin Pascua: Evangelii gaudium, 6

«Gracias» es una bonita oración: Audiencia general, 20 de mayo de 2020

La Iglesia, casa de consuelo: Homilía, 1 de octubre de 2016

No dejar de sorprenderse: Regina coeli, 8 de junio de 2014

Componentes vitales: Discurso, 31 de enero de 2020

Un «catálogo» de enfermedades: Discurso a la curia romana, 22 de diciembre de 2014

V. LA ALEGRÍA TIENE LA ÚLTIMA PALABRA

Cuando veo a alguien durmiendo en la calle...: Gaudete et exsultate, 98

La alegría no está en las cosas, sino en el encuentro: Encuentro con los seminaristas y los novicios, 6 de julio de 2013

Nada de caras tristes: Carta a los consagrados, 21 de noviembre de 2014

El camino de vida de los santos (y el tuyo): Homilía, 1 de noviembre de 2016

Con un poco de sentido del humor: Gaudete et exsultate, 126

La fe es la fuerza de quien sabe que no está solo: Ángelus, 14 de diciembre de 2014

Piedad, no pietismo: Audiencia general, 4 de junio de 2014

Una alegría tan grande que nadie te la puede quitar: Mensaje con ocasión de la Natividad de María, 8 de septiembre de 2014

Sed astutos: Homilía, 6 de enero de 2014

Sor Lamentación: Homilía, 14 de diciembre de 2014

En las profundidades de la vida: Gaudete et exsultate, 66

VI. HAZ BUENAS PREGUNTAS Y ENCONTRARÁS LAS RESPUESTAS

Un maestro sabio: Discurso, 25 de noviembre de 2019

¿Para quién soy yo?: Discurso, 25 de noviembre de 2019

¿Cómo entrar en el tiempo que nos espera?: Discurso, 9 de enero de 2020

Todos inquietos, todos buscamos: Mensaje para la JMJ, 2015

¿Quiénes son los justos?: Homilía, 1 de noviembre de 2015

VII. SER ESPERANZA

Transformaos en esperanza: Audiencia general, 4 de septiembre de 2013

Los que sufren, mediadores de luz: Lumen fidei, 57

¿Saldremos mejores?: Videomensaje con ocasión de la vigilia de Pentecostés promovida por Charis, 30 de mayo de 2020

Solo el amor acaba con el odio: Homilía, 20 de octubre de 2020

¡Poneos en camino!: Mensaje de la jornada de las vocaciones de 2015

Elegir siempre el horizonte: Homilía, 13 de abril de 2020

Un fuego que se renueva: Christus vivit, 160

Fracasos y logros en la familia: Mensaje para la Cuaresma de 2014

Un proceso arduo hacia la convivencia: Discurso, 23 de febrero de 2020

El amor es más fuerte que la degradación: Laudato si', 149

Todo está en transformación: Ángelus, 11 de diciembre de 2016

Dios sana nuestras «memorias»: Homilía, 14 de junio de 2020

Menos es más: Laudato si', 222

Caminando juntos se llega lejos: Videomensaje con ocasión del evento Thy Kingdom Come, 31 de mayo de 2020

La justicia y otras virtudes: Discurso, 15 de febrero de 2020

Lo que ignora el mundano: Gaudete et exsultate, 75-76

La revolución de la ternura: Discurso, 31 de enero de 2020

La naturaleza está llena de palabras de amor: Laudato si', 225-226

VIII. PARA REGALAR LA SONRISA

¡*Aprecia todo!*: Laudato si', 223

Necesitamos misericordia: Audiencia general, 18 de marzo de 2020

Tantos santos ocultos entre nosotros: Audiencia general, 14 de mayo de 2014

Una alegría inconcebible: Homilía, 16 de abril de 2020

Cojeando, ¡pero entraré!: Audiencia general, 10 de junio de 2020

No dejemos que nos roben la esperanza: Lumen fidei, 57

Quien nos pide todo nos da todo: Gaudete et exsultate, 175

El doble movimiento: Discurso, 25 de noviembre de 2019

Se acabó el miedo: Discurso, 21 de abril de 2014

Señor, concédeme la gracia de mejorar: Ángelus, 27 de septiembre de 2020

Tener encendida la lámpara de la esperanza: Audiencia general, 15 de octubre de 2014

Este es el pacto: Discurso, 7 de febrero de 2020

Quienquiera que seas puedes ser santo: Audiencia general, 19 de noviembre de 2014

Pero, al final, ¿qué es la salvación?: Mensaje, 21 de mayo de 2020

Gestos que siembran la paz: Laudato si', 230

No tengas miedo de la santidad: Gaudete et exsultate, 32

Los pequeños detalles del amor: Gaudete et exsultate, 144-145

La oración de intercesión es amor por el prójimo: Gaudete et exsultate, 154

Caminamos con alegría: Laudato si', 243-245

Si te dejas querer: Christus vivit, 129

Los santos de la puerta de al lado: Gaudete et exsultate, 7-8

Cuidar todo lo que existe: Laudato si', 10-11

Para regalar una sonrisa: Fratelli tutti, 224

La esperanza transforma el desierto en un jardín: Audiencia general, 7 de diciembre de 2016

El camino de la verdadera felicidad: Mensaje para la JMJ, 2014

MIS ORACIONES

Madre, ayuda nuestra fe: Final de la encíclica *Lumen fidei*

La salud de los enfermos: Oración con ocasión de la jornada de oración y ayuno durante la pandemia, 11 de marzo de 2020

Madre de la vida: Al final de la exhortación apostólica *Querida Amazonia*

Oración común por la Tierra y la humanidad: En el quinto aniversario de la promulgación de la encíclica *Laudato si'*

La vergüenza, el arrepentimiento y la esperanza: Oración final del viacrucis de 2018

Las cruces del mundo: Oración final del viacrucis de 2019

Gracias: Oración durante la santa misa, viaje apostólico a Sri Lanka y Filipinas, 17 de enero de 2015

Oración por la Tierra y Oración cristiana por la creación: Final de la encíclica *Laudato si'*

Para pedir la gracia de estar atentos al grito de los pobres: En el memorial de la santa madre Teresa, Skopie, 7 de mayo de 2019

Tu grito, Señor: Visita al Museo de las Ocupaciones y las Luchas por la Libertad de Vilna, 23 de septiembre de 2018

Oración del buen humor de santo Tomás Moro: Desde hace más de cuarenta años el papa Francisco recita esta oración atribuida a santo Tomás Moro: «La recito todos los días, me conforta... La alegría cristiana y el sentido del humor, que es para mí la actitud más próxima a la gracia de Dios, siempre van de la mano... Así pues, no perdamos el espíritu alegre, lleno de buen humor e incluso autoirónico, que nos convierte en personas amables, hasta en las situaciones más difíciles. ¡Qué bien nos sienta una buena dosis de sano sentido del humor!».

APÉNDICE

LA SONRISA EN LA TORMENTA: Entrevista de Gian Marco Chiocci a su santidad el papa Francisco, «Adnkronos», 30 de octubre de 2020